유노추보 Uの厨房

# 유노주보

국내 최정상급 퓨전 재패니즈 셰프 유희영

Uの廚房

북하우스엔

# PROLOGUE

2006년에 레스토랑을 퇴사하고 새롭게 시작한 외식 컨설팅과 소스 사업은 생각만큼 쉽지 않았다. 메뉴와 소스를 개발하는 일에 많은 시간과 열정이 투자되었다.
셰프로서의 고민도 컸다. 당시 나는 작은 사무실에 메뉴 개발실을 꾸며놓고 요리를 대량으로 상품화하기 위해 만들고 버리는 작업을 끊임없이 반복했다. 그런 일이 전혀 행복하지 않았다. 언제부터인가 고객이 그리웠다. 내가 만든 요리를 먹고 즐거워하는 고객이 너무 보고 싶었다.

당시 나는 절박했던 만큼 기회가 많지 않았다. 책을 집필하고 강의도 하고 있었지만, 형편이 많이 나빴다. 아내와 상의한 끝에 집을 내놓기로 했다. 시세보다 낮은 가격에 집을 내놓고 장모님이 사시는 작은 아파트로 이사를 갔다. 그리고 방 한 칸에서 처자식과 함께 살았다. 그러다가 소스 사업조차 비전이 보이지 않자 빚을 갚고 남은 돈으로 작은 식당을 열기로 했다. 잡지 인터뷰에서 "17년 만에 이룬 꿈"이고, "셰프는 자신의 주방을 가져야 한다"며 너스레를 떨었지만, 나의 레스토랑 '유노추보'는 사실 당시의 절박함이 만들었다고 해도 과언이 아니다. 굳게 마음을 먹고 6개월간의 준비 끝에 신사동 가로수길에 유노추보를 개업했다. 그리고 1년 반 만에 두번째 레스토랑 '유노추보스시'를 열었다.

지난 3년 반 동안 나는 유노추보에서 25만 명의 고객에게 식사를 제공했으며, 17번에 걸쳐 메뉴를 교체했다. 주방에서 음식을 만드는 일이야 '내 팔자가 손에 물을 묻혀야 되는가 보다' 하고 생각하면 되는 일이지만, 레스토랑을 경영하는 것은 또 다른 문제였다. 음식이 맛있다고 해서 대박이 터지는 시대는 이미 지나갔다. 고객을 끌어들일 수 있는 메뉴와 인테리어를 고민하고, 주방과 홀을 책임질 스태프를 구하고 훈련시키는 일 등 모든 것이 만만치 않았다. 나의 주방 유노추보는 나에게 행복을 가져다주는 일터지만, 한편으로는 냉철하고 가혹한 전쟁터이며 배수진背水陣이었다.

요리는 가장 인간적이지만 그것을 직업으로 하는 사람에게는 그렇지 못하다. 남들이 일할 때 앞서 준비해야 하고, 남들이 놀 때 일해야 하는 직업이다 보니 그 가족으로서는 비운의 가정사가 되기 십상이다. 어떤 이들은 책 끄트머리에 "이 책을 사랑하는 가족에게 바친다" "이 영광을 사랑하는 이에게 바친다"고 하지만, 1년하고도 몇 개월을 이 책에 매달린 나로서는 가족에게 그런 말을 할 염치가 없다. 겨우 책 한 권으로 나의 사랑하는 아내와 두 아들에게 그간의 무심함을 보상할 수 있으리라 생각하지 않는다. 그래서 나는 오늘도 그 미안함을 가슴에 안고 전전긍긍한다.

2012년 4월 유희영

# CONTENTS

| | |
|---|---|
| prologue | 4 |
| sauce & basic | 336 |

## 1~2月

| | |
|---|---|
| 겨울 스시 | 58 |
| 마구로 다다키와 아보카도 무스 | 64 |
| 엔다이브와 아카가이 아에 | 68 |
| 시소 폰즈를 곁들인 랍스터 | 70 |
| 네기 토로 | 72 |
| 마구로 즈케 | 76 |
| 마다이 곤부지메 | 78 |
| 매생이 굴국 | 82 |
| 랍스터와 푸아그라 소테 | 84 |
| 다이라가이 야키와 부추 | 86 |
| 베이컨으로 만 안코우 야키와 클램 차우더 | 88 |
| 은대구 아라니 | 90 |
| 우마니 | 92 |
| 아보카도를 곁들인 안키모 스노모노 | 94 |
| 홍합밥 | 98 |
| 마다이 곤부지메 차스케 | 102 |
| 구로 모치이리 도후와 유주안 | 104 |

## 3~4月

| | |
|---|---|
| 봄 스시 | 108 |
| 노도구로 아부리 | 112 |
| 다치우오 샐러드 | 114 |
| 로메인 레터스와 사케 샐러드 | 116 |
| 어니언 타워 샐러드 | 120 |
| 와규 미즈나 샐러드 | 122 |
| 시라우오 아게 | 124 |
| 이이다코 구로아게 | 126 |
| 우니 덴푸라 | 128 |
| 노도구로 우니 야키 | 130 |
| 살사 베르데를 곁들인 미루가이와 가라스미 | 132 |
| 뎃판 등심 스테이크 | 134 |
| 하마구리 그라탱 | 136 |
| 사케 오얏코 돈부리 | 140 |
| 도리가이 샤부샤부 | 144 |
| 우메보시 아이스크림과 단팥 | 146 |

## 5~6月

| | |
|---|---|
| 마쿠노우치 벤토 | 152 |
| 이시가레이 엔가와 아부리 | 154 |
| 가니 센베이 | 156 |
| 가니 치즈 유바 마키 | 158 |
| 가라스미 | 160 |
| 이시가레이 새꼬시 | 164 |
| 발사믹 드레싱을 곁들인 다코 샐러드 | 166 |
| 세비체 | 168 |
| 아게다시 치즈 도후 | 170 |
| 니베 쑥국 | 172 |
| 사이쿄미소를 곁들인 이와가키 야키 | 174 |
| 다코 고로케 | 176 |
| 마나가쓰오 유자조림과 살사 베르데 | 178 |
| 긴키 야키와 포트와인 소스 | 180 |
| 유노추보 스타일의 함박 스테이크 | 182 |
| 부타 가쿠니 | 186 |
| 시로에비 스노모노 | 188 |
| 간장게장 지라시 | 190 |

## 7~8月

| | |
|---|---|
| 여름 스시 | 194 |
| 하모 유비키 | 198 |
| 우니 모히토 | 200 |
| 아와비 사쿠라니 | 202 |
| 스즈키 아라이와 규리즈케 | 204 |
| 아오리이카 스즈메다이 물회 | 206 |
| 부도마메 샐러드 | 208 |
| 토사스를 곁들인 호타테 야키 | 210 |
| 쓰보야키 | 212 |
| 하모 니즈케 | 214 |
| 커리 파우더를 뿌린 닭 날개 튀김 | 216 |
| 구시야키 | 218 |
| 아게도후 돈부리 | 222 |
| 네기토로 아나고 돈부리 | 224 |
| 하쓰마무시 | 228 |
| 히야시 라멘 | 232 |
| 시소와 오이 그라니타 | 234 |

## 9~10月

| | |
|---|---|
| 가을 스시 | 238 |
| 무화과와 프로슈토 햄 | 242 |
| 가쓰오 다다키 | 244 |
| 시메사바와 스미소 | 246 |
| 도빙무시 | 250 |
| 스파이시 크림을 곁들인 시샤모 | 254 |
| 고하다 난반즈케 | 256 |
| 사이쿄 미소를 곁들인 아유야키 | 258 |
| 에비 호타테 야키 | 260 |
| 구루마에비 토반야키 | 264 |
| 훈제오리와 레드어니언 마멀레이드 | 268 |
| 항정살 호우바야키 | 270 |
| 밧테라즈시 | 272 |
| 스키야키 돈부리 | 276 |
| 마쓰타케 하모 돈부리 | 278 |
| 유자 소르베 | 280 |

## 11~12月

| | |
|---|---|
| 회석요리 | 284 |
| 사요리 칩 | 292 |
| 즈와이가니와 스위트 칠리 소스 | 296 |
| 자완무시와 유주안 | 298 |
| 사케 젤리를 곁들인 나마가키 | 300 |
| 가쓰오지의 오뎅 | 302 |
| 다라 지리 | 304 |
| 스파이시 소이 소스를 곁들인 타라 무시 | 306 |
| 후구 가라아게 | 308 |
| 후구 니즈케 | 312 |
| 가지키겐친 야키와 와후 소스 | 316 |
| 나마가키 덴푸라와 발사믹 드레싱에 버무린 루콜라 | 318 |
| 도로 스테이크 | 322 |
| 돈조쿠 아라니 | 324 |
| 야키니쿠 돈부리 | 328 |
| 뎃카 마키 | 330 |
| 치즈 도후 | 332 |

**일러두기**

- 이 책에 나온 레시피는 한 접시 기준입니다.
- 1Tbs은 15ml, 1tsp은 5ml, 1컵은 236ml입니다.

자른다.
굽고 튀기고 볶아서
새로운 것들과 조우한다.
그것은 몸으로 익히고 머리로 생각하고
눈과 혀로 맛본 것들이었다.
그것은 '나'였다.
먼 길을 돌고 돌아 새로운 것과 조우했건만 거기엔 항상 내가 있었다.

오늘도 나는 나의 작은 주방에 서 있다.
20년이 흘렀지만 예외 없이 긴장한다.
앞치마를 단단히 묶는다.
시퍼렇게 날이 선 사시미 칼을 쥔다.
그 칼은 언제나 뜨거운 나의 심장, 인간의 심장을 향한다.
그리고 나는 칼날 위에 선다.

## 유가의 주방 Uの廚房
### 네이밍

이 바닥에 입문하고 17년 만에 나의 레스토랑을 계획하게 됐다.

사업계획서를 쓰기 위해 노트를 펼쳐놓고 몇 날 며칠에 걸쳐 고민했다. 그리고 사업계획서를 정리하기 위해 컴퓨터 앞에 앉았다. 그런데 제일 먼저 제목부터 막혔다.

'레스토랑의 이름은 뭐라고 해야 하지?'

A&A(Artisan & Artist), 나비, 唯(오직 유, U) 등 당시 유력했던 이름이 몇 가지 있었지만, 나는 오직 하나라는 뜻의 '唯'가 마음에 들었다. 나의 성과 같고, 영어로 당신이라는 의미를 가지고 있다는 것도 좋았다. 그래서 레스토랑의 이름을 '유'로 정했다.

그런데 얼마 지나지 않아서 문제가 생겼다. 인터넷 검색 사이트에서 '유'를 찾아보면 결과가 너무 많이 나와서 검색이 거의 불가능했다. 인터넷 검색이 불편한 이름은 적당치 못하다는 판단이 섰다.

결국 원점으로 돌아와서 다시 이름을 고민했다. 먼저 나와 레스토랑의 관계를 생각해보았다. 흔히들 연극의 3대 요소는 배우, 무대, 관객이라고 한다. 연극을 레스토랑으로 바꿔보면, 나는 배우가 되고, 주방은 나의 무대가 되고, 고객은 관객이 되는 셈이었다. 셰프 유희영이 주방에서 공연을 하는 극장, 그것은 바로 '유가의 주방'이었다. 그렇게 '유의 주방'이라는 이름이 만들어지고 개점을 앞두고 레스토랑의 이름을 최종적으로 '유노추보'로 결정하게 됐다. 발음하기 어렵다는 주변 사람들의 지적도 있었지만, 나는 가볍거나 호락호락한 이름이 아니라서 더 마음에 들었다.

## 대표선수
### 주력메뉴 결정

나는 10년 전부터 창작요리를 해왔다. 새로운 메뉴를 개발할 때마다 셰프로서 직면했던, 가장 큰 어려움은 메뉴의 보편성이 떨어진다는 것이었다. 비 내리는 날은 파전, 무더운 여름에는 냉면, 아이들과 외식할 때는 돈가스 하는 식으로 자연스럽게 떠오르는 대중적인 요리에 비해 내 메뉴는 분명히 보편성이 떨어졌다. 대중을 상대로 음식을 만드는 사람에게 그것은 치명적인 결격사유였다.

나는 유노추보를 개업하기 전에 2년 이상 레스토랑 컨설팅을 하면서 수많은 레스토랑의 흥망을 옆에서 지켜봤다. 그러면서 외식업이란 맛있는 음식을 먹고 싶은 고객들의 가장 기본적인 욕구를 해결해주어야 함은 물론, 문화의 한 장르가 돼야 한다는 생각을 하게 됐다. 그래서 첫 레스토랑을 오픈하기 전에 더 많은 생각을 했다.

나는 일본 라멘을 유노추보의 주력메뉴로 선택했다. 라멘의 육수는 예전에 사이드메뉴를 개발해주었던 유명 순대국집의 육수를 변형해서 사용했다. 우리 입맛에 익숙한 순대국 육수를 사용한 라멘이라면 맛과 대중성에서 가능성이 있다고 생각했고, 야심차게 대표메뉴로 밀었다. 그렇게 유노추보는 라멘으로 레스토랑의 문턱을 낮추고 고객을 불러 모을 수 있었다.

그 뒤에 오픈한 유노추보스시는 밥을 주력메뉴로 밀었다. 오픈 초기에는 메뉴판 구성을 스시 위주로 만들었다. 그리고 고객들에게 스시 전문 레스토랑으로 인식됐다고 판단되자 하나둘씩 요리 메뉴를 추가했다. 가격대가 유노추보보다 비싸서 조금 더 시간이 걸리기는 했지만, 1년이 지난 지금은 유노추보만의 독특한 메뉴로 국내 대표 초밥집 대열에 낄 수 있게 됐다.

# 나의 쇼를 위한 무대
## 레스토랑 입지 선정

"왜 가로수길에 레스토랑을 오픈했는가?"
"오픈 당시 가로수길이 이만큼 뜰 거라고 예상했는가?"
방송이나 잡지 인터뷰를 할 때 기자들에게 가장 많이 받는 질문이다. 기자들은 가로수길을 먼저 알아본 나에게 선견지명이 있다고 칭찬하기도 한다.
그런데 그들의 짐작과는 달리 나는 그렇게 복잡하게 생각하지 않았다. 오픈 당시에는 가로수길이 지금처럼 큰 주목을 받을지도 몰랐고, 지금처럼 많은 레스토랑이 생길 거라고 예상하지도 못했다.
나는 레스토랑 창업을 결심하고 서울 시내 구석구석을 찾아다녔다. 최종 후보에 오른 곳은 가로수길과 이태원이었다. 선택의 기준은 단순했다.
"레스토랑은 나의 무대다. 나는 나의 무대에서 매일매일 나만의 '쇼'를 할 것이다. 그렇다면 나의 쇼를 좋아할 관객이 많은 동네를 찾자!"
이태원은 외국인이 많았다. 쇼핑 공간과 소비 콘텐츠가 많았고 틀에 박히지 않은 개방된 사고방식을 위한 거리였다. 가로수길도 비슷했다. 디자인회사, 광고회사, 잡지사 등 자유직업 종사자들이 많고, 다른 동네와 비교해 핸드메이드가 선호되며 소자본으로 창업해 소꿉놀이하듯 예쁘게 꾸며놓은 점포들이 많았다. 이런 분위기의 거리를 좋아하는 사람이라면 나의 요리를 좋아할 거라는 확신이 섰다. 바로 가로수길과 이태원의 부동산 사무실에 들어가 적당한 자리를 알아보았다. 그리고 먼저 연락이 온 가로수길에 레스토랑을 오픈하게 됐다.
만약 가로수길보다 이태원의 부동산에서 먼저 연락이 왔다면 아마도 유노추보는 이태원에 입점했을 일이다.

## 왠지 들어가고 싶은 곳
### 매장 인테리어

처음 와본 길에 처음 보는 레스토랑이지만 왠지 눈길이 간다. 안을 기웃거리게 되고 들어가서 자리에 앉아보고 싶은 생각이 든다. 요리를 먹어보지는 못했지만, 이곳이라면 합리적인 가격에 맛 좋은 음식을 먹을 수 있을 거라는 확신이 생긴다.

가로수길에 30평짜리 상가를 계약했다. 입주까지 한 달의 시간이 주어졌다. 임대료를 최소화하기 위해 한 달 안에 인테리어 구상과 설계를 모두 끝내야 했다. 우선 예전에 같이 일했던 인테리어 회사 가운데 가장 신뢰가 가는 업체를 선정하고, 그동안 챙겨두었던 자료와 눈여겨보았던 레스토랑에 관한 자료를 모두 꺼내어 하나씩 검토했다. 완벽할 정도로 예쁘고 실용적인 것들, 작은 공간을 활용한 사진들을 들춰보며 나의 레스토랑의 모습을 구상했다.

**유노추보**

가로수길은 근처에 사는 사람보다는 외부에서 방문하는 고객이 많다. 처음 방문하는 사람에게는 낯익은 장소가 아니기 때문에 첫인상이 무척 중요했다.

나는 오랜 생각 끝에 레스토랑의 콘셉트를 '주방을 보는 갤러리'로 정했다. 주방을 밖에서 훤히 들여다볼 수 있는 오픈 키친 형태로 설계하고, 시멘트 느낌이 나는 갤러리 스타일의 바닥을 깔았다. 그리고 벽과 천장도 노출된 분위기의 깔끔한 화이트컬러로 잡았다. 매장 안이 냉랭한 느낌이라고 반대하는 이들도 있었지만, 주방이 메인이기 때문에 주방을 제외한 모든 것은 우선 순위에서 제외됐다. 홀의 테이블도 자리에 착석하면 주방이 보이도록 배치했다.

주방의 구조도 파격적으로 꾸몄다. 일반적인 오픈 키친은 불판이 홀의 반대쪽 벽면에 붙어 있어서 요리의 마지막 단계인 가니시 파트만 보이지만, 나는 불판을 홀을 바라보는 쪽으로 배치했다. 손님들이 음식이 만들어지는 과정을 직접 볼 수 있도록 하고 일부러 소리도 요란하게 들리게 했다. 홀을 향한 불판 때문에 테이블까지도 음식 냄새가 나겠지만, 나는 개의치 않았다.

또 밖에서 들여다볼 때의 느낌도 고려해서 주방과 홀, 홀과 거리의 경계가 모호하도록 했다. 그래서 한쪽 벽을 완전히 오픈하고 거리에서도 주방을 볼 수 있도록 했다.

**유노추보스시**

유노추보를 개업하고 1년하고도 몇 달이 지났다. 유노추보는 이미 가로수길의 명소가 됐고, 많은 레스토랑에서 유노추보의 인테리어를 모방하고 있었다.

당시 유노추보는 10평 남짓한 주방에서 생선회부터 라멘까지 많은 요리를 만들어내고 있었는데, 라멘의 육수 때문에 주방의 습도와 온도가 높아져 횟감을 제대로 관리하기가 힘들었다. 때마침 유노추보의 앞집이 리모델링한다는 소식을 듣게 됐다. 나는 과감하게 메뉴의 분리를 시도하기로 했다.

메뉴 중 차가운 음식을 새로운 점포로 옮기기로 하고 계약을 했다. 다세대주택을 리모델링한 건물이라서 내부 구조가 썩 마음에 들지는 않았지만, 유노추보와 가까워서 내가 수시로 왕래할 수 있다는 점이 좋았다.

새로 계약한 건물은 레스토랑으로 꾸미기에는 천장이 너무 낮았다. 완전한 1층이 아닌 1.5층의 구조도 문제였다. 새로운 레스토랑에서 판매할 메뉴와 인테리어 자료를 펼쳐놓고 다시 인테리어를 구상하기 시작했다. 고객의 포지셔닝도 유노추보와는 달랐다. 40세 전후의 연령층에 방문하는 남녀 성비도 비슷했고 직업도 더 다양했다.

새로운 레스토랑의 콘셉트는 '아지트'로 정했다. 레스토랑이 들어설 공간의 구조적 단점을 장점으로 만들기 위한 최선의 선택이었다. 고가의 재료를 사용하는 만큼 고단가의 매출 구조를 피할 수 없는 상황이기도 했다. 낮은 천장은 블랙으로 마감했고, 목재를 사용해 천장을 둥글게 만들어 아늑한 느낌을 주었다. 주력메뉴가 사시미와 스시여서 스시카운터를 만들었고, 카운터 뒤쪽 벽은 돌을 겹겹이 쌓아 올렸다. 바닥도 검은 돌로 만들었다. 최대한 아늑하고 편안한 느낌을 주기 위해 노력했다. 30세 전후 연령대의 손님들이 오픈된 분위기의 자유분방함을 즐긴다면, 40세 전후의 손님들은 프라이버시를 보호받을 수 있는 아늑한 공간을 원할 거라고 생각했기 때문이었다.

## 미완성의 작품
### 음식을 담는 그릇

월드컵 열기가 채 식지 않은 2002년 여름, 단골이던 교수님 한 분이 친구들과 함께 레스토랑을 찾아왔다. 오십 정도 돼 보이는 점잖고 세련된 분위기의 남성들로 늘 친구 셋이 함께 오는 분들이었다.
잠시 후 그들 중 한 분이 나를 부르더니 가방을 열어 무언가를 꺼냈다. 깨지지 않도록 잘 포장된 두 개의 그릇이었다. 그는 그릇을 하나씩 가리키며 요리를 주문했다.
"유 셰프, 이 그릇에는 광어 카르파초와 루콜라를 담아주고, 이 그릇에는 스파이스 치킨을 담아줘요."
나는 주문대로 원하는 그릇에 요리를 담아드렸다.
그날 이후 그 손님은 매번 다른 그릇을 가져와 요리를 주문했고, 나도 그때마다 흔쾌히 응해드렸다. 알고보니 세 사람은 국내 명문대학교의 도예과 교수들이었고, 그릇은 모두 본인들이 만든 것이었다.
"내가 만든 그릇에 유 셰프가 만든 음식을 담으면 잘 어울릴 것 같아서 가지고 왔지."

요리는 그릇에 담겨 있어야 한다.

나는 교수님들의 주문대로 요리를 해드리면서 식기에 따라 음식이 다르게 보인다는 것을 알게 됐다. 그래서 내 요리에 어울리는 그릇을 찾아야겠다고 생각했다.

그렇게 결심하고 인터넷과 신문을 뒤진 끝에 이천 사기막골이라는 곳을 알게 됐다. 나는 몇 차례에 걸쳐 이천에 찾아가 도예가들을 만났고 '산 아래 작업실'이라는 곳을 알게 됐다. 산 아래 작업실의 강화수, 류난호 부부는 생활자기에 대한 신념을 가진 도예가들이었다.

"우리는 그릇을 만들 때 항상 그 안에 무언가 담겨 있다는 상상을 해요. 그릇은 그 위에 무언가 담겨 있어야 비로서 완성인거죠."

나는 그들과 만난 후 메뉴개발과 함께 미팅을 통해 새로운 그릇을 디자인하고 주문했다.

유노추보는 백자에 채색이 된 그릇을 기본으로 사용하기로 구상했다. 깔끔한 느낌의 식기는 모던한 느낌과 함께 음식을 돋보이게 만들고 시선을 집중시키는 역할을 했다. 그것은 창작요리에 적당한 선택이라고 생각했다.

유노추보스시는 일본의 다완에 많이 쓰이는 '시노'를 기본 세팅용 그릇으로 선택했다. 시멘트벽의 유노추보와 달리 나무 소재를 사용해 아늑한 분위기의 유노추보스시에 어울리도록 거친 질감과 황토색으로 마감된 식기를 디자인했다. 짙은 색의 식기들은 요리의 집중력은 떨어지지만 인간적이고 손맛이 강조된 느낌을 주기에 적합하다고 생각했기 때문이다.

# 나와 고객의 연결고리
## 셰프의 취미생활

나는 원래 하고 싶은 것을 하지 못하거나, 궁금한 것이 있으면 잠을 이루지 못하는 성격이다. 그래서 어릴 때부터 각종 취미에 깊이 빠져들었고, 그렇게 한번 빠지면 바닥까지 끝장을 보고서야 끝내곤 했다. 그렇게 취미생활을 하면서 모은 것들 중에서 오디오와 음반, 카메라와 사진집, 캐릭터 피겨를 매장 인테리어에 활용하기로 했다.
레스토랑을 계획할 때부터 이야깃거리가 많은 장소로 만들겠다고 생각했고, 수집품들이 고객들과 소통하는 데도 도움이 될 거라고 생각했다.

초등학교 때부터 좋아했던 조립식 장난감(플라스틱 모델)은 20대 후반까지 틈틈이 만들었다. 가끔 밤을 새워 도색을 한 다음날이면 손에 덜 씻긴 에나멜 컬러 자국 때문에 주방장님께 꾸지람을 들은 적도 있었다. 이후에는 캐릭터 모델을 수집하는 취미로 바뀌었고 애니메이션부터 영화 캐릭터까지 다양한 피겨를 소장하고 있다. 지금은 유노추보에 장식장을 준비해 조금씩 바꿔가며 진열을 하고 있다.

나는 1998년에 퓨전 일식으로 전향하기로 하고 그동안 해온 정통 일본요리의 포트폴리오를 만들기로 마음먹었다. 요리를 만들고 세팅을 한 후 직접 사진을 촬영하는데 초점이 잘 맞지 않아 사진이 죄다 뿌옇게 나왔다. 당시 내 카메라는 아버지에게 물려받은 일본산 전자식 필름 카메라로 6배 줌이 되는 기종이었다. 동네 사진관에 가서 물어보았더니, 고장은 아니고 마크로 기능을 갖춘 카메라가 필요하다며 SLR(수동 필름 카메라)과 렌즈를 권했다. 나는 70만 원을 들여 C사의 제품을 구매해 포트폴리오 작업을 마무리했다.

당시 거금을 들여 구매한 SLR 카메라는 포트폴리오를 완성한 후에도 취미생활에 쓰였고, 이후 라이카Leica와 핫셀 블라드Hassel blad, 로모Lomo에 이르기까지 수십 종의 카메라와 렌즈를 사용했다. 냉장고 크기만큼 쌓인 현상된 필름과 600기가 외장하드 두 개를 채운 이미지파일 등 이력도 만만치 않다. 또 틈틈이 모은 유명 사진집 30여 권과 한정 발매된 노부요시 아라키, 헬무트 뉴튼, 스티브 맥커리 등의 사진집도 유보추보스시 책장에 진열해두었다.

레스토랑에서 음악의 역할은 무시할 수 없다. 음악에 따라 레스토랑의 분위기가 바뀌고, 고객의 주문을 유도할 수 있으며, 때로는 식사 속도까지 달라진다.
음악은 나의 취미생활 중에서도 가장 오래됐고 깊이 빠졌던 분야이다. 고등학교 시절에는 보충수업과 야간자율학습을 빼먹고 대학로의 Mtv나 신촌의 우드스탁 같이 음악을 들을 수 있는 곳을 찾았고, 월간 음악잡지에 칼럼을 기고하기도 했다. 수천 장이 넘는 CD와 천여 장의 LP, 어지간한 중형승용차 한 대 가격을 훌쩍 넘는 오디오가 나의 이런 음악 사랑을 말해준다.
유노추보에는 90년대 오디오 마니아의 로망이었던 푸른 눈을 가진 매킨토시 인티 앰프와 신촌 우드스탁에서 보고 첫눈에 반했던 미국산 스피커 BOSE901 모델을 설치했다. 음악은 주로 유럽의 고풍스러우면서 세련된 팝이나 재즈와 일렉트로닉 위주로 선곡하고 있다.
유노추보스시는 인테리어 콘셉트에 맞추어 유노추보보다 더 앤틱한 진공관 앰프를 설치했고, 역시 매킨토시 사의 MC275 앰프와 턴테이블, 몇 달을 굶어가며 어렵게 구입한 하베스로 구성했다. 음악은 파리스 매치, 다이시 댄스 등 요즘 유행하는 시부야케이를 중심으로 한 일본 음악으로 편성했다.

나의 문화생활을 두고 배부른 사람만이 누릴 수 있는 여유고, 자기계발에 방해가 된다고 말하는 사람들도 있다. 그렇지만 내 생각은 다르다. 나는 수십 년간 한 시대를 풍미했던 대중음악과 소통했고, 내가 살아온 인생만큼 카메라의 뷰파인더로 세상을 바라봤다. 한낱 물건에 불과하지만, 나는 이런 소품들을 통해 고객과 소통하고 그들의 요구를 읽어낼 수 있는 눈과 귀를 기를 수 있었다. 또 머리가 아닌 가슴으로 요리할 수 있는 근간이 문화생활을 통해 완성됐다고 생각한다.

## 최상의 재료
### 재료 구입

'얼마나 많은 재료를 알고 있으며, 재료 각각의 맛을 얼마나 제대로 파악하고 있는가?'
셰프에게는 이것이 자신의 요리를 표현할 수 있는 가능성의 수와 비례한다. 또 재료의 종류 못지않게 재료의 상태를 볼 줄 아는 안목도 중요하다. 그래서 나는 스태프들에게 늘 강조한다.

"좋은 재료는 그 자체로 훌륭한 요리가 될 수 있지만, 아무리 훌륭한 셰프라도 나쁜 재료로 좋은 요리를 만들 수는 없다."

그렇기 때문에 좋은 재료를 사용해 그 효과를 경험한 셰프라면, 더 좋은 최상의 재료를 구하기 위해 집착한다.

"저는 매일 새벽에 일찍 일어나서 장을 보러 갑니다."
"그날그날 최상의 재료를 구매해서 요리하죠. 그걸 알아주는 고객이 있어서 고된 줄 모르고 일합니다."
어느 잡지 인터뷰에서 읽었던 내용들이다.

요즘은 셰프가 새벽장을 보는 일이 거의 필수조건처럼 돼 있지만, 유노추보는 새벽시장에서 식자재를 구매하지 않는다. 그 이유는 마음에 드는 재료를 구입하기가 쉽지 않기 때문이다. 나는 계절 재료를 확인하고 새로운 정보를 얻기 위해서만 가끔 새벽시장에 나간다.

가락동이나 노량진 도매시장은 새벽 2시를 전후해서 경매를 한다. 그런데 경매장은 자격이 있는 중간 도매상들만 참여할 수 있다. 전국 각지에서 올라온 물건은 경매를 통해 각각의 중간 상점으로 흩어지고 다시 작은 도매상 또는 소매상으로 나오게 된다. 이 복잡한 일이 마치 아수라장 같은 시장통에서 불과 몇 시간 동안 이루어지고, 그 와중에 좋은 물건은 대부분 큰 회사의 차지가 된다. 그렇기 때문에 새벽시장에서 좋은 물건을 구한다는 것은 거의 불가능한 일이다.

그래서 유노추보는 도매시장 대신 산지에서 직접 재료들을 구매한다. 제주도부터 울릉도, 독도 근해, 남해, 백령도, 철원, 심지어 일본까지 다양한 곳에서 싱싱한 재료들이 올라온다. 이미 레스토랑을 개업하기 전부터 산지에 거래처를 확보해두었기에 가능한 일이다. 또 매일 저녁 산지의 재료 구입을 대행해주는 업체를 통해 당일 조업량과 가격을 보고받고 재료를 결정한 후 다음날 배송받기도 한다. 나는 나의 레스토랑을 찾는 고객에게 최상의 재료로 만든 요리를 제공하기 위해 이 정도의 약삭빠름은 필수라고 생각한다.

## 서비스는 조직력
### 스태프 구성

아무리 작은 규모의 레스토랑이라도 현장에서는 발주, 구매, 검수, 생산, 배송, 심지어 A/S까지 모든 것이 이루어진다. 그것도 이런 일이 매일매일 반복되고 한정된 시간 안에 급박하게 처리해야 할 때가 대부분이다.

나는 직원들에게 항상 탈권위를 말한다. 즐거운 분위기에서 자유롭게 일해야 개인의 기량이 향상되고 더 발전할 수 있기 때문이다. 그럼에도 간과하지 말아야 할 것이 있다. 바로 '조직력'이다. 주어진 짧은 시간 안에 많은 절차를 순조롭게 풀어가려면 자유로움 속에 조직력이 바탕이 돼야 한다. 조직원들이 각자의 자리에서 제 역할을 다해주지 못하면 고객에게 좋은 요리와 만족할 만한 서비스를 제공할 수 없다.

오랜 셰프 생활의 경험으로 보면 부사수를 잘 두어야 그 조직이 잘 돌아간다. 내가 모든 사람들을 쫓아 다니며 시시콜콜한 것까지 참견할 수는 없는 일이기 때문이다. 그래서 중간에서 그 일을 대신 해줄 수 있는 부사수의 역할이 중요하다.

나는 레스토랑을 오픈하면서 주방과 홀에 책임자를 두고 내 스타일대로 조직을 움직이기로 했다. 그런데 예전에 같이 일했던 후배들은 이미 경력이 쌓여 작은 레스토랑을 운영하는 내가 감당할 수 있는 몸값이 아니었다. 도와준다는 후배들도 있었지만, 그들의 몸값을 낮춰가며 부리고 싶지는 않았다. 그렇다고 나와 함께 일했던 경험이 없는 사람에게 조직을 맡길 수도 없었다. 나는 요리부터 서비스까지 분명한 나만의 스타일이 있기에 그들이 나에게 적응할 충분한 시간이 필요했다. 이런 이유로 그 어떤 결정을 내릴 때보다 심사숙고해서 책임자를 선임했다.

강선규 셰프는 2000년부터 3년간 나와 함께 일했었다. 나와 만나기 전 부산에서 3년 정도 일한 경력이 있었지만, 나에게 기초부터 다시 배웠고 가장 혹독하게 가르침을 받았던 후배였다. 레스토랑의 책임자를 물색할 당시 그는 고향 부산에서 창업을 했다가 사업에 실패하고 요리에 대한 욕심으로 다시 서울로 상경해 있었다. 나와는 코드가 잘 맞아서 개업부터 건강상의 이유로 그만둘 때까지 1년간 유노추보의 주방을 맡았다.

강미향 매니저는 2005년에 1년 정도 압구정동에 위치한 레스토랑에서 나와 함께 근무했었다. 당시 항상 웃는 얼굴과 성실함으로 주변의 칭찬이 자자했는데, 작은 체구에도 항상 당당했던 모습은 3년의 세월이 지나도 여전했다. 그녀는 큰 외식업체에서 인정받는 서비스 직원으로 일하고 있었지만 함께 해보자는 나의 제안에 흔쾌히 응해주었다. 유노추보 오픈 당시 카리스마 넘치고 책임감 있는 그녀에게서 많은 도움을 받았다. 개업하고 6개월 정도만 한시적으로 일하기로 하고 스카우트했지만, 지금까지 유노추보의 매니저로 함께하고 있다.

강선규 셰프와 강미향 매니저의 합류로 유노추보는 탄탄한 조직력을 만들 수 있었다.

## 때로는 노련함이 가장 진부하다
### 새로운 셰프를 키우는 일

1965년 밥 딜런은 〈Like a rolling stone〉이라는 곡을 발표해 당시에는 이례적으로 6분이 넘는 러닝타임에도 불구하고 빌보드 싱글 차트 2위까지 올랐다. 재능이 많았던 기타리스트 알 쿠퍼는 이미 슈퍼스타가 된 밥 딜런의 세션 제안을 받아들여 녹음실로 갔다. 그러나 녹음실에서 알 쿠퍼를 기다리고 있던 것은 기타가 아닌 키보드였다. 키보드를 받은 알 쿠퍼는 내키지는 않았지만, 최고의 뮤지션인 밥 딜런의 제안을 거절할 수는 없었다. 그는 최선을 다했고 비록 노련함은 떨어졌지만, 그 음악에서 느껴지는 건반의 긴장감은 세인들에게 회자되기에 충분했다.

허리통증으로 퇴사 의사를 밝힌 강선규 셰프의 후임을 물색하고 있었다. 오픈한 지 1년이 지나 유노추보의 영업이 정상궤도에 올라서 있을 때였다. 이제 가까운 미래와 먼 미래를 함께할 인재를 물색해야 하는 시기가 됐다.

유노추보 개업 당시 막내 조리사로 입사한 22살의 조정모 씨가 유노추보에서 나를 보좌할 셰프라는 중책을 맡게 됐다. 부족한 부분이 없진 않았지만, 나는 그녀만의 겸손함과 책임감, 침착함과 카리스마가 유노추보를 이끌어가기에 손색이 없다고 판단했다. 그뿐만 아니라 조리에 임하는 자세와 열정 또한 눈여겨볼 수밖에 없었다. 그녀는 늘 자신의 일을 서둘러 마치고 다른 사람들의 일까지 도와주었고, 자신의 이익보다 조직이 우선이었다.

모두가 인정하는 그녀의 진가는 한여름 휴가철에 발휘됐다. 조정모 셰프가 주방에 있으면 단 한 번도 일이 늦어지거나 밀리는 경우가 없었다. 그러나 그녀가 없으면 항상 잔업이 많아서 영업이 끝나고서도 남아서 일을 마무리해야 했다. 주방은 이미 지난 일 년 동안 조정모 셰프가 주축이 돼 잘 움직여왔고, 사실 새로운 셰프를 물색할 이유가 전혀 없었다. 뿐만 아니라 조정모 셰프는 짧은 경력에도 불구하고 요리에 자신만의 감성을 담을 줄 알았다. 수줍어하는 듯 보이면서도 긴장감이 느껴지는 그녀의 요리에서는 오랜 경력에서 나오는 노련함과는 다른 신선함과 역동적인 힘이 느껴진다. 나는 그것이 강남의 고급 레스토랑에서 제공되는, 화려하고 비싸지만 마치 자판기에서 뽑아낸 인스턴트 식품처럼 아무 감성도 느낄 수 없는 요리보다는 훨씬 수준 높다고 생각했다.

나이 어린 조정모 셰프의 발탁을 두고 주변의 시선이 곱지 않았고 비난도 만만치 않았다. 그러나 이미 셰프 삼 년차를 맞이한 그녀 특유의 침착함과 부드러움으로 주방에 큰 위기는 없었다. 어린 나이의 그녀를 셰프로 기용한 것을 두고 나의 파격적인 철학이 반영됐다는 말도 하지만, 사실 새로운 셰프를 키우는 일은 먼 미래의 유노추보를 위해 계산된 일이었다.

## 셰프는 하루아침에 만들어지지 않는다
### 트레이닝

최고의 셰프가 되기 위해서는 배움의 과정을 거쳐야 하고 끊임없는 노력과 열정으로 목표를 향해 나아가야 한다. 물론 그 노력에는 끝이 없다. 인간이 태어나서 죽을 때까지 식욕을 멈출 수 없는 것처럼 최고의 셰프가 되기 위한 노력도 멈출 수 없다는 것이 나의 생각이다. 노력하는 과정을 통해 요리하는 자신에 대한 자존감이 생기게 되고 자신이 만든 요리에 대한 책임감을 갖게 된다.

많은 사람들이 자신의 재능을 의심한다. 그렇지만 나는 최고의 셰프가 되기 위해 천재성을 타고날 필요는 없다고 생각한다. 중요한 것은 성실함과 끊임없이 새로움에 도전하는 낙천적인 성격이다. 셰프가 되는 데 정해진 기간이 있는 것도 아니고, 통과해야 할 시험이 있는 것도 아니다. 물론 합격과 불합격이 정해지는 일이 아니라서 더욱 쉽지 않다. 단지 요리에 재미를 붙여야 하고 자신조차 감동시킬 수 있을 정도의 노력이 필요하다.

창의력도 훈련에 의해 만들어진다. 번뜩이는 아이디어가 있어도 그것을 요리로 표현해 내는 능력이 없다면 메뉴개발이란 있을 수 없다. 메뉴와 재료를 제대로 이해하는 훈련, 그리고 세상을 바라보는 시각이 중요하다. 재료의 본질을 파악하고 다양한 각도에서 바라보는 능력이 갖춰진다면 그것으로 자신만의 메뉴를 만들어낼 수 있다.

셰프에겐 특별한 사명감도 필요하다. 그 이유는 요리가 사람이 먹는 것을 다루는 일이기 때문이다. 따라서 요리로 고객을 행복하게 만들겠다는 의지는 물론, 적어도 내가 만든 요리를 먹고 고객이 건강을 해치는 일이 있어서는 안 된다는 생각을 가지고 있어야 한다.

요리는 문화다. 그것도 외식문화. 그렇기 때문에 요리사는 문화생활을 자주, 많이 해야 한다. 문화생활을 통해 시대의 트렌드를 읽어야 하고, 그 요구에 맞추어 요리를 만들어야 한다. 트렌드를 읽지 못하고 남이 만든 요리를 흉내 낸다면 아류에 불과하다.

타인을 배려할 수 있는 마음의 자세도 중요하다. 배려를 하는 편이나 받는 편 모두 중요하다. 양쪽의 조화가 있어야 좋은 결과를 만들 수 있기 때문이다.

나는 싹수가 노란 사람들에게 노력하면 이루어진다고 말하지 않는다. "누구에게나 무한한 가능성은 있다"는 말은 결국 모든 실패는 노력 부족이 원인이라는 말과 같다. 아무리 노력해도 안 되는 사람은 안 되는 길이 셰프의 길이기 때문이다.

## 고객은 셰프를 닮는다
### 셰프와 고객

유노추보를 오픈하고 얼마 지나지 않아 찬바람이 불었다. 곧 겨울이 올 기세였다. 개업을 하고 아는 지인들은 이미 한 번씩 다 다녀갔고 입소문이 돌기에는 아직 이른 시기였다.

어느 날 식사를 마친 고객이 나를 찾았다.
"여기 맛은 좋은데 너무 시끄러워요. 옆 테이블 대화도 다 들리고… 테이블 사이를 막는 건 어때요? 프라이버시를 존중해야지."
개방적인 문화에 거부감이 있는 사람들은 유노추보에 와서 실망하기도 했다. 어느 파워블로거는 유명한 셰프라더니 기본도 모르고 국적도 없는 요상한 음식을 만들어 판다고 자신의 블로그에 혹평을 하기도 했다.

개업 초기에는 많은 갈등을 했다. 내가 정통 일본요리를 모르는 것도 아니었고 못하는 것도 아니었기 때문이다. 나는 쓴소리가 들려올 때마다 처음의 콘셉트를 되새기고 내가 잘할 수 있는 것을 생각했다. 그렇게 찬바람이 부는 계절을 지나 자리를 잡기까지 유노추보는 6개월, 유노추보스시는 일 년 정도의 시간이 걸렸다.

지금 유노추보의 고객은 나의 요리를 즐긴다. 이 재료를 가지고 어떻게 이런 요리를 만들었느냐며 재미있어 하기도 하고 소스 맛에 감탄하기도 한다. 도쿄에서 비슷한 요리를 먹었다고 하는가 하면, 뉴욕에서 비슷한 요리를 먹었다고 전해주기도 한다. 매장에 진열된 피겨를 보고 어릴 적 동심으로 돌아가기도 하고, 오디오를 보고 20대에 꿈꾸던 오디오라며 즐거워하는 고객도 있다. 전설로 듣던 롤링스톤즈 1집이나 비틀즈의 희귀음반을 보며 행복해하는 이들도 있다. 지금의 유노추보는 나와 코드가 맞는 고객들로 가득하다.

고객은 나에게 왕이 아니다. 나는 고객에게 맛있는 음식과 이야깃거리와 행복을 주고, 고객들은 다시 나에게 행복을 돌려준다. 고객은 나에게 친구이며 동반자이다.

## 셰프의 언어
### 메뉴개발

2000년 대기업에서 운영하는 S레스토랑의 일식 책임자로 일하게 됐다. 일본에서 온 전문가가 콘셉트를 정하고 매장 인테리어를 했다는 S레스토랑은 영업개시 보름 전에야 업장에 실무자들을 배치했다. 당시 S레스토랑에는 룸은 물론 다다미조차 없었다. 대신 TV 모니터, 공연 무대, 배관이 모두 드러난 높은 천장에 조명 또한 카페처럼 어두웠다. 나이 지긋한 남성들이 다다미에 앉아서 양주에 회를 먹는 수준이 그 시절 일식당의 분위기였는데, S레스토랑은 여러모로 그와는 달랐다. 나는 당시 일식당의 메뉴가 새로운 콘셉트의 레스토랑에 맞지 않는다고 판단하고 새로운 메뉴를 개발해야겠다고 마음을 먹었다. 그래서 일본여행에서 먹어봤던 오코노미야키, 다코야키, 야키소바, 캘리포니아롤 등을 메뉴에 추가시켰다. 그 결과 소위 대박을 터뜨리게 됐다.

그렇지만 일본에서 보고 온 것들로 메뉴를 구성하는 데는 한계가 있었다. 대부분 정크푸드같은 길거리 음식이었기에 그것을 고급화할 필요가 있었다. 배운 적은 없지만 나만의 상상력으로 새로운 메뉴를 만들기 시작했다. 나의 메뉴개발은 그렇게 시작됐다.

가끔 인터뷰할 때 기자들이 어디에서 어떻게 영감을 얻느냐고 묻곤 한다. 나는 그럴 때마다 하루 24시간 요리를 생각하고 심지어 꿈에서조차 요리를 하는데 메뉴개발을 못하면 바보가 아니겠냐고 오히려 반문하곤 한다.

나는 무에서 유를 창조하지 않는다. 아니, 창조하지 못한다.

메뉴개발은 수많은 경험을 통해 재료 본연의 맛을 습득하고 재료 사이의 조화를 맞추는 작업이다. 나는 창의력도 훈련에 의해 만들어진다고 생각한다. 가장 기본적인 재료의 본질을 파악하지 못하는데 창의력이 무슨 필요가 있겠는가.

새로운 메뉴를 만들어내기 위해서는 무엇보다 고객의 요구를 알아야 한다. 어떤 종류의 메뉴를 만들 것인지 정하는 일이 우선이다. 시대의 트렌드와 대중의 니즈needs를 꿰뚫는 통찰력이 필요하다. 그다음은 어떤 메뉴를 만들지 머릿속에서 구상한다. 이때 재료의 맛과 소스의 맛 등을 결정하고, 재료 수급이 용이한지, 유노추보에서 만들 수 있는 역량이 되는지 등도 함께 결정한다. 그리고 실제로 메뉴를 만들어 테이스팅을 한다. 한 번에 완성되는 경우는 거의 없다. 몇 번의 시행착오를 거쳐 메뉴가 완성된다. 유노추보의 메뉴는 모두 이런 과정을 통해 완성됐다.

레스토랑이 무대라면 셰프에게 메뉴는 자신을 표현하고 알리는 언어이자 방법이다. 때문에 세상 어떤 셰프도 메뉴를 소홀히 할 수는 없다. 유노추보와 유노추보스시는 지난 3년간 17번에 걸쳐 정기적으로 메뉴를 교체했다. 이것이 유노추보가 가진 가장 큰 매력이며 우리를 지치지 않게 만드는 원동력이기도 하다. 세상에서 오직 한 곳, 유노추보에서만 먹을 수 있는 요리. 그 특별함이 고객들을 기대하게 하고 그들이 오늘도 유노추보를 찾게 만든다.

# 자존감
## 비전

스시 카운터에서 고객들과 얘기를 나누다보면 유노추보의 지난 행보와 장래의 계획에 대한 화제가 주를 이룬다. 해외로 수출하는 소스 사업, 프랜차이즈 사업, 유노추보의 이름을 걸고 만들 새로운 콘셉트의 레스토랑, 요리책 등 무엇 하나 나 혼자 할 수 있는 것은 없다. 그럼에도 질문하는 사람들이나 유노추보 스태프들이 분명하게 알고 있는 사실은, 나와 유노추보는 절대로 제자리에 안주하지 않는다는 것이다.
10여 년 전부터 나는 나만의 요리를 만들어왔다. 단지 남들이 하지 않는 요리를 한다는 이유만으로 칭찬보다 비난을 많이 들었고, 격려보다 시기와 질투를 받으며 이 자리까지 왔다. 그러나 나에겐 누군가의 칭찬이나 격려보다 주방에 들어설 때의 마음가짐, 요리를 대하는 철학적인 태도가 중요했다. 만약 내가 칭찬과 격려를 듣고 기뻐했다면 나만의 요리를 만드는 일보다 남이 만든 것을 흉내 내고 따라하는 일에 더 많은 시간을 투자했으리라 생각한다.

3년 전 일식당 하나 없던 가로수길, 그것도 사람들이 많이 다니는 도로변이 아닌 골목 안 주택가에 오픈한 유노추보는 가로수길이 지금의 유명세를 떨치는 데 한몫했다. 요즘도 인테리어와 메뉴와 사케의 가격 등에서 유노추보를 모방한 일식당이 하나둘씩 생겨나고 있다. 누가 처음 시작했는지조차 모를 정도로 가로수길 대부분 레스토랑이 이런 식으로 운영되고 있다.
내가 아니고 유노추보가 아니더라도 누군가 이런 형태의 레스토랑을 했을 수도 있다. 유노추보가 없었더라도 가로수길이 지금 같은 모습이 됐을 수도 있다. 다만, 분명한 것은 우리는 유명한 맛집을 따라하거나 훌륭하다고 하는 누군가를 흉내 내지 않았다는 사실이다. 대신 그저 우리가 잘할 수 있는 것, 고객이 좋아할 만한 것을 했을 뿐이다. 우리는 우리 스스로 가치를 발견했고, 그런 유노추보의 개성이 그들에게 호감을 줬다고 생각한다.
개업하고 3년의 시간이 흐른 지금, 유노추보는 왕성한 자존감에 충만해 있다. 그 자존감이야말로 다른 어떤 꿈이나 계획보다 위대하지 않을까?

# 1〜2月

# 겨울 스시

**히라메** ひらめ
광어는 도미와 함께 최고의 흰살생선으로 꼽힌다. 가을에서 겨울에 걸쳐 지방이 오르고, 탄력 있는 살은 비린내가 없으며 초밥이나 회의 재료로 아주 좋다.

**다이 마쓰가와** タイ まつかわ
겨울철 기름이 오른 도미의 풍부한 맛을 느끼기 위해 사용되는 방법이다. 석 장 뜨기한 도미 위에 소금을 듬뿍 바르고 끓는 물을 부어 껍질만 익힌다. 풍부하고 화려한 도미의 맛과 쫀득한 식감이 일품이다. 질긴 부분이 씹히지 않도록 얇게 3~4쪽으로 네타(초밥을 쥘 수 있도록 재단한 생선)를 만들어 초밥을 쥐었다.

**혼마구로 아카미** ほんまぐろ あかみ
국내에 유통되는 참치는 대부분 냉동 참치다. 셰프마다 자신의 스타일대로 해동하지만, 크게 상온에서 자연해동하는 방법, 냉장고에서 자연해동하는 방법, 염수해동하는 방법으로 구분된다. 나는 3.2%의 소금을 넣은 40℃의 온수에 참치를 넣어 약 1/3정도 해동한 뒤 상온에서 해동하는 방법을 선호한다.

**부리** ぶり
방어는 크기에 따라 불리는 이름이 다른데, 80cm 이상의 큰 방어를 부리라고 부른다. 특히 한겨울에 어획되는 부리는 지방이 많고 감칠맛이 도는 농후한 맛이 난다.

**혼마구로 토로** ほんまぐろ トロ
참치 뱃살은 아카미와 같은 방법으로 해동하는데 지방이 많은 토로는 아카미보다 짧은 시간 염수에 담가 1/4 정도를 해동하고 나머지는 물기를 닦아 냉장고에서 자연해동한다.(장시간 염수해동하면 섬세한 지방의 맛이 변질되기 때문이다.) 초밥으로 먹을 때 간장보다 소금으로 간을 하면 섬세한 지방의 맛을 느낄 수 있다.

### 아카가이 アカガイ

피조개는 겨울부터 봄까지 제철이며 조개류 중에 최고의 초밥 재료다. 생김새는 물론 특유의 씹히는 맛, 바다의 향과 철분의 향이 매력적이다. 식초를 몇 방울 넣은 소금물에 손질한 피조개를 씻어서 사용했는데 비린 맛이 없어지고 씹는 맛도 더욱 좋아졌다.

### 사요리 さより

턱의 모양이 학의 주둥이처럼 튀어나와 있어 학꽁치라 불리며 한겨울부터 봄철까지 제철이다. 나는 껍질을 벗기고 소금을 살짝 뿌린 후 10분 정도 지나 물기를 닦아서 사용했다. 담백하면서도 깊고 진한 맛과 쫄깃함이 느껴진다.

### 다이 タイ

일본에서 '생선의 왕'이라 불리는 참돔은 겨울부터 봄까지 제철이다. 비린 맛이 없으며 육질이 단단하고 담백하다.

### 미루가이 みるがい

겨울부터 봄까지 제철인 왕우럭조개는 꼬들꼬들 씹히는 맛과 조갯살 특유의 깊은 단맛에 바다의 향기가 강하게 느껴진다. 초밥 애호가들에게 가장 인기 있는 재료이지만 싫어하는 사람도 적지 않다. 나는 숯불에 살짝 구워 초밥을 만들고 레몬즙을 뿌리고 소금을 올렸다.

### 혼마구로 토로 아부리 ほんまぐろ トロ あぶり

지방이 많은 부위는 살짝 구웠을 때 풍미가 훨씬 좋아지는데 참치 뱃살이 대표적인 경우다. 부드러운 육질과 지방의 맛, 구운 생선에서 느껴지는 향이 매력적이다.

### 호타테가이 ほたてがい

가리비의 관자는 달고 부드러울 뿐 아니라 어패류 특유의 비린 맛이 나지 않는다. 가운데 칼집을 넣어 벌려 초밥을 쥐었다. 여름철에 생으로 많이 먹지만, 겨울철 숯불에 표면만 살짝 구운 가리비의 관자는 탄력이 좋다.

### 부리 토로 ぶり トロ

방어의 뱃살은 참치의 뱃살처럼 토로를 구분해 사용한다. 이 스시는 방어의 아가미 뒤쪽의 뱃살로 만들었다. 운동량이 많은 지느러미가 붙어 있는 부위라서 꼬들거리는 식감이 좋다.

### 히라메 엔가와 아부리 ヒラメ えんがわ あぶり

광어의 지느러미 살은 지방이 많아서 씹는 맛과 고소한 맛이 풍부하다. 그래서 많은 사람들이 선호하는 부위다. 생으로 초밥을 쥐어 먹는 경우가 대부분이지만, 나는 토치를 이용해 반 정도 익혀 초밥을 만들었다. 신선한 엔가와보다 부드럽고, 구울 때 나오는 풍미가 좋다. 토핑으로는 간장과 라임즙, 잘게 채 썬 쪽파를 곁들인다.

**가키** カキ
자연산 심해굴은 신선하고 강렬한 바다의 향이 난다. 더불어 양식굴과는 비교가 안 되는 쫄깃한 식감이 혀를 자극한다. 나는 마른 칡전분을 얇게 입힌 후 전분만 익도록 굴을 끓는 물에 살짝 데쳐냈다. 그런 다음 폰즈에 담가 시원한 맛을 강조했다.

| 초밥용 밥 만들기 |

**1. 쌀 씻기**  쌀을 큰 그릇에 담고 물을 조금 붓고 살살 문질러서 씻은 후 깨끗한 물에 헹군다. 1번 더 반복한 뒤 쌀을 물에 담가 보관한다. 이때 쌀이 으깨질수 있으므로 절대 세게 문질러서는 안된다. 부서진 쌀은 끈적거리기 때문에 초밥의 맛을 반감시킨다.

**2. 쌀 불리기**  쌀은 상온의 온도가 영하권이면 2시간 이상 물에 담가두고, 20도 이하일 때는 1시간 30분, 20도 이상일 때는 1시간을 담가 불린다. 다 불린 뒤에는 소쿠리에 쏟아 물기를 빼고 냉장고에 넣어 2~3시간 정도 보관한다. 소쿠리에 담긴 쌀은 쌀알의 겉과 속이 동일하게 불어 밥을 해도 끈적거리지 않는다.

**3. 밥하기**  불린 쌀을 냄비에 담고 물을 부은 뒤 밥을 한다. 많은 사람들이 초밥용 밥은 물을 조금 넣고 되직하게 만들어야 한다고 생각하지만 밥은 질퍽하지만 않으면 되므로 일반 밥과 비슷한 수준으로 물의 양을 조절한다.

**4. 초밥 비비기**  넓은 나무통(한기리)에 뜨거운 밥을 쏟아 붓는다. 초밥초를 넣을 때는 뜨거운 밥의 표면에 초밥초가 살짝 흐를 정도로 넉넉하게 붓는다. 나무 주걱을 사용해 초밥을 털어 내듯이 빠르게 비빈다.

**5. 초밥 사용하기**  초밥이 40°C 정도의 온도로 식으면 초밥 전용 보온통에 담고 물기를 짠 행주로 덮는다. 수분이 증발하지 않고 밥에 스며들도록 하기 위해서다. 약 30분이 경과하면 사용한다.

익히지 않은 붉은살생선에 채소를 곁들여 먹어도 비린 맛이 느껴지지 않게 하려면 어떻게 해야 할까? 내가 창작요리를 시작하고 당면한 과제였다. 십년이 훨씬 지난 일이지만 지금도 잊지 못할 만큼 수많은 시행착오를 거쳤고 결국에는 답을 찾아냈다.
붉은살생선의 표면에 거칠게 으깬 후춧가루와 깨를 입혀 겉만 살짝 구웠다. 후춧가루의 알싸한 맛이 뭉클한 생선의 식감과 비린 맛을 없애고, 고소한 통깨의 맛이 붉은살의 풍부한 맛을 더욱 강조한다.

# 마구로 다다키와 아보카도 무스

참치 200g
흰깨 2/3Tbs
검은깨 1tsp
크러스드 블랙페퍼 1tsp
아보카도 무스 2Tbs
발사믹 리덕션 20ml
에그 비네거 소스 1Tbs (348p 참조)
크레송 1/2컵
핑크페퍼 약 20개
실파 1뿌리
시소노미쿠라게 40g

01 참치를 해동해 다다키한다.
   A 40℃ 정도의 물 1l에 32g의 소금을 넣고 잘 섞어 소금을 완전히 녹인다. 참치를 2분 정도 담가서 1/3 정도를 녹인 다음 건진다.
   B 쟁반에서 크러스드 블랙페퍼와 검은깨, 흰깨를 고르게 섞은 다음, 그 위에 해동한 참치를 굴린다.
   C 중불에 달군 프라이팬에 기름을 넉넉하게 두르고 참치를 한 면씩 돌려가며 굽는다. 다다키가 완성되면 종이 위에 올려 기름이 스며들도록 한다.
02 발사믹 리덕션으로 접시 바닥에 모양을 낸다. 중앙에 짤주머니에 담은 아보카도 무스를 두께 1cm, 길이 10cm로 길게 짠다. 다다키한 참치를 어슷하게 3mm 두께로 잘라 아보카도 무스 위에 덮는다.
03 시소노미쿠라게*를 곁들이고 크레송을 놓고 에그 비네거 소스를 뿌린다. 송송 썬 실파와 핑크페퍼를 뿌려 완성한다.

시소노미쿠라게 しその実くらげ : 해파리 머리에 붉은 시소를 넣고 절인 것

이 요리는 스시 카운터에서 즉흥적으로 만들었다. 피조개는 특유의 식감과 어패류의 특유의 바다냄새가 매력적인 재료인데, 그런 피조개의 맛을 더욱 돋보이게 할 소스가 필요했다. 내가 선택한 소스는 자극적이지 않고 부드러우며 강한 느낌을 동시에 갖춘 스미소였다.

# 엔다이브와 아카가이 아에

**피조개(10마리/kg) 3마리**
**무순 1팩**
**엔다이브 1송이**
**스미소 2Tbs** (342p 참조)
**대파 1개**

01  피조개를 손질한다.
    A  피조개의 살을 꺼내어 칼집을 넣고 내장을 제거한다. 피조개를 소금으로 살살 문질러 씻은 다음 물로 헹군다.
    B  마른 행주로 조갯살의 물기를 닦은 다음 가늘게 채 썬다.
02  믹싱 볼에 피조개와 무순을 담고 스미소로 버무린다.
03  모양을 내고 담는다.
    A  대파의 흰 부분은 세로로 칼집을 내어 펼쳐서 채 썬다. 그리고 170℃의 기름에 노릇하게 튀긴다.
    B  엔다이브의 겉잎을 낱장으로 뜯어 접시에 담고, 그 위에 버무린 피조개를 1Tbs씩 담고 튀긴 대파를 올린다.

살아 있는 바닷가재의 꼬리 살에 깔끔한 맛의 시소 폰즈 소스를 곁들인 요리다. 바닷가재의 살은 꼬들꼬들하게 씹히는 맛과 시원하면서 은은하게 풍기는 고소함이 일품이다. 나는 이 요리에 바닷가재 살의 시원한 맛을 강조하는 소스를 사용했다. 새콤하면서도 매콤한 시소 폰즈 소스가 자칫 밋밋하게 느껴지는 바닷가재 살에 시원한 맛과 풍미를 더해준다.

## 시소 폰즈를 곁들인 랍스터

**바닷가재 700g(1마리)**
**얼음**
**시소 폰즈 소스 45ml** (342p 참조)

01  살아 있는 바닷가재의 꼬리를 자르고 뒤집어 껍질이 상하지 않도록 배쪽의 가장자리에 칼집을 넣는다. 수저를 이용해 살이 부서지지 않도록 껍데기에서 잘 분리한다.
02  바닷가재의 살을 칼등으로 두들겨 찬 얼음물에 1분 정도 담가둔다.
03  바닷가재를 얼음물에서 건져 깨끗한 마른 행주로 물기를 완전히 닦은 후 1cm 두께로 썬다.
04  바닷가재의 몸통에서 앞쪽을 잘라 튀겨 접시의 앞쪽에 놓고 중앙에 바닷가재의 꼬리껍질을 올린 뒤 그 안에 바닷가재 살을 놓는다. 마지막으로 시소 폰즈 소스를 뿌려준다.

지방이 많은 참치 뱃살에 다진 파를 곁들이는 것은 뱃살을 가장 맛있게 먹는 방법 중 하나이다. 파 특유의 향과 매콤함이 참치의 비린 맛과 느끼한 지방의 맛을 잡아준다. 나는 이 요리에 카자흐스탄에서 온 최고급 캐비어와 세계에서 미네랄 함량이 가장 높은 오키나와산 천일염 '누치마스'를 사용했는데, 캐비어의 짠맛과 누치마스의 깊고 화려한 짠맛이 단순한 이 요리의 맛을 더욱 화려하고 풍부하게 만들었다.

## 네기 토로

참치 뱃살 90g
쪽파 2뿌리
누치마스 1/3tsp
캐비어 1/2Tbs

01 오토로(뱃살)를 해동해 네기 토로를 만든다.
   A  40℃ 정도의 물 1L에 32g의 소금을 넣고 잘 섞어 소금을 완전히 녹인다. 토로를 물에 30초 이상 담가 전체 덩어리의 1/3 정도를 해동한 다음 건져서 깨끗한 마른 행주로 물기를 닦는다.
   B  쪽파는 잘게 송송 썰고 토로는 쌀 한 톨 정도의 크기로 다진다.
02 믹싱 볼에 다진 토로를 넣고 소금(누치마스)을 넣고 고르게 비빈다.
03 그릇에 쪽파를 얇게 깔고 그 위에 원형 틀을 놓고 소금에 버무린 다진 토로를 담는다. 원형 틀을 제거한다.
04 토로 위에 캐비어를 올려 마무리한다.

마늘을 섞은 데리야키 소스에 절인 참치회다. 최근에는 어느 일식집에서나 쉽게 접할 수 있는 요리이지만, 자칫 잘못하면 간장의 짠맛이 참치의 맛을 떨어뜨릴 수 있다는 점이 고민이었다. 신선한 참치의 고소함과 갈릭 소이 소스의 부드럽고 깊은 맛이 잘 조화를 이룬 메뉴다.

# 마구로 즈케

**참치 붉은살 200g**
**갈릭 소이 소스 200ml** (337p 참조)
**실파 2뿌리**
**대파 흰 부분 1개**

01  실파는 송송 썰고, 대파 흰 부분은 세로로 칼집을 넣어 넓게 벌린 다음 가늘게 채 썰어 찬물에 씻어 물기를 뺀다.

02  참치를 소스에 마리네이드한다.
   A  참치는 40℃ 정도의 물 1ℓ에 32g의 소금을 넣고 잘 섞어 소금을 완전히 녹인다. 참치를 2분 정도 담가서 1/3정도를 녹인 다음 건진다.
   B  참치를 초밥 네타 크기(2.5cm×5cm×0.7cm)로 자른다. 참치를 갈릭 소이 소스에 20분 동안 완전히 잠기도록 담가둔다.

03  참치를 접시의 중앙에 펼쳐 담는다. 그 위에 소스와 거품을 올리고 송송 썬 실파와 가늘게 채 썬 대파를 올린다.

다시마에 청주를 바르고 생선을 감싸서 숙성시키는 곤부지메는 흰살생선에 감칠맛을 내기 위해 많이 사용하는 방법이다. 나는 주로 도미나 광어, 학꽁치를 곤부지메하는데, 이렇게 만들어진 생선은 탄력 있는 식감과 바다의 향, 감칠맛이 일품이다.

## 마다이 곤부지메

도미 살 200g
다시마 1장
무 40g
당근 15g
오이 소량
시소 잎 2장
우메보시 드레싱 소량 (346p 참조)
청주 소량
소금 1/2Tbs

# 

01-A

01-D

01 도미를 다시마에 절인다.
　A 도미는 석 장 뜨기해서 껍질을 벗기고 3mm 두께로 얇게 회를 뜬다. 접시에 깔고 소금을 고르게 뿌려 2시간 절인다.
　B 절여진 도미를 물에 씻고 물기를 제거한다.
　C 다시마를 닦은 다음 도미를 덮을 수 있는 적당한 크기로 자른다.
　D 도미를 접시에 담고 재단한 다시마에 청주를 발라 도미 위에 덮는다. 랩을 씌워 냉장고에 하루 보관한다.
02 시소 잎과 오이는 얇게 채 썰고, 무와 당근은 얇고 어슷하게 썰어 찬물에 헹구고 물기를 제거한다.
03 모양을 내서 담는다.
　A 접시의 중앙에 무, 당근, 오이를 놓고 우메보시 드레싱을 뿌린다.
　B 곤부지메한 도미를 2cm×6cm 크기로 회를 떠 접시의 가장자리에 돌려 올린다.
　C 가늘게 채 썬 시소 잎을 도미 위에 조금씩 올린다.

'미운 사위에게 매생이국 준다'는 말이 있다. 매생이는 다른 음식과 달리 뜨거워도 김이 많이 나지 않는다. 촘촘하고 가는 조직에 막혀 뜨거운 김이 위로 올라오지 못하는 탓이다. 그래서 뜨거운 줄 모르고 덥석 삼켰다가는 입천장이 훌러덩 벗겨지기 십상이다. 매생이는 어린이의 성장 촉진에 좋고, 골다공증이나 위궤양 등을 예방하는 데 효능이 있는 것으로 알려져 있으며 숙취 해소에도 으뜸이다.

# 매생이 굴국

**중합 3개**
**굴 30g**
**매생이 40g**
**대파 흰 부분 1개**
**청주 1/2큰술**
**생수 500ml**
**소금 소량**

01  매생이를 물에 잘 헹군 후 물기를 꼭 짜서 소쿠리에 건져놓는다.
02  중합은 소금물에 담가 해감을 하고 굴은 잘 씻어 모래 등을 제거한다. 대파 흰 부분은 세로로 칼집을 넣고 겹겹이 벌려 결대로 채 썰어 찬물에 헹군다.
03  생수에 중합을 넣고 조개가 완전히 벌어져 국물이 뽀얗게 될 때까지 끓인다. 조개육수에 소금간을 하고 청주를 뿌리고 불을 끄고 식힌다.
04  매생이를 넣고 끓으면 굴을 넣고 30초 정도 더 끓여 대접에 담는다. 채 썬 대파를 중앙에 올린다.

신대륙에 이주민이 몰려오던 초기 개척시대, 미국에서 랍스터는 '가난의 상징'이었다. 주로 가난한 집 아이들이나 하인들이 먹는 음식이었고, 죄수들에게는 질리도록 공급됐던 요리였다. 미국의 메인주 연안에서는 아메리칸 인디언들이 랍스터를 밭의 비료로 사용했다고도 한다. 이렇게 푸대접 받던 랍스터의 위상이 바뀐 것은 19세기로, 교통의 발달과 함께 랍스터가 미국 전역과 유럽으로 퍼져나가면서 고급 식재료로 자리 잡게 됐다.

랍스터의 살은 게살처럼 부드럽지도 않고 새우살처럼 촉촉하지도 않다. 나는 랍스터 살에 와인 데리야키 소스와 푸아그라, 채소를 함께 넣어 부드럽고 촉촉하게 만들었다.

## 랍스터와 푸아그라 소테

**바닷가재 꼬리 2개**
**푸아그라 50g**
**새송이버섯 1개**
**양파 30g**
**어린 잎 소량**
**데리야키 와인 소스 45ml** (346p 참조)
**크레송 소량**
**밀가루 1/3컵**
**화이트와인 비네거 2Tbs**
**청주 1Tbs**
**버터 2tsp**
**소금, 후춧가루 소량**

01  바닷가재는 길게 반으로 쪼갠다. 끝에 한마디를 제외하고 껍질에서 살을 분리한다. 찬물에 청주를 조금 붓고 10분간 담가놓는다.

02  푸아그라는 0.7cm 두께로 썰어 준비하고, 새송이버섯, 양파는 1.5cm 크기의 사각형으로 썰어 준비한다. 어린 잎과 크레송은 다듬어 찬물에 씻는다.

03  바닷가재를 굽는다.
   A  팬에 화이트와인 비네거를 두르고 불 위에 올려 신맛을 날린다. 팬에 기름을 두르고 바닷가재를 중불로 굽는다. 이때, 소금과 후춧가루를 첨가한다.
   B  바닷가재의 표면이 노릇하게 되면 불을 약하게 줄이고 청주와 버터를 넣고 새송이버섯과 양파를 넣는다. 팬에서 몇 번 굴려 표면에 버터가 고르게 코팅이 되면 와인 데리야키 소스를 붓고 뚜껑을 덮어 굽는다.
   C  푸아그라는 마른 밀가루를 입혀 중불의 팬에 기름을 두르고 굽는다.

04  오목한 접시 가운데에 새송이버섯과 양파를 놓고 가장자리에 바닷가재 살을 돌려 담는다. 중앙에 구운 푸아그라를 올리고, 그 위에 팬에 남은 데리야키 와인 소스를 뿌린다. 어린 잎과 크레송을 올려 마무리한다.

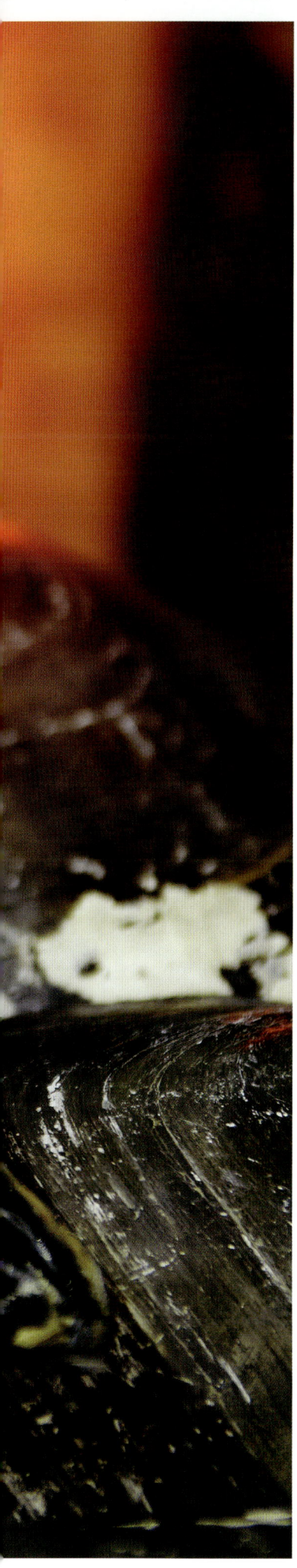

키조개는 갯벌에서 살아가는 대부분의 조개와는 달리 수심이 10~30m 정도 되는 비교적 깊은 바닥에서 산다. 겉모양은 홍합과 비슷하지만, 훨씬 크고 조갯살의 형태와 색깔도 다르다.
이 요리는 껍데기 속의 큰 관자를 이용해 만들었다. 가리비보다 단단하고 결이 굵은 키조개의 관자는 질겨지지 않도록 적당히 굽는 것이 포인트이다. 구우면서 생기는 풍미와 씹는 질감, 바다의 냄새가 새콤한 소스와 부추 무침과 잘 어울린다.

## 다이라가이 야키와 부추

키조개 관자 2개
부추 7cm 길이 1컵
무 50g
폰즈 30ml (360p 참조)
리코타 치즈 (338p 참조)

**부추 양념장**
진간장 125ml
설탕 40g
물엿 40g
멸치액젓 1/2Tbs
고춧가루 20g
참기름 1tsp

01  리코타 치즈를 만든다.
02  키조개의 껍질을 벌려 과도를 이용해 관자만 떼어낸다.
03  부추는 7cm 길이로 자른 다음 부추 양념장 1/2Tbs을 넣고 버무린다.
04  키조개를 석쇠에 올려 중불로 1/4 정도만 익힌다. 너무 많이 익히면 질겨지므로 주의한다.
05  키조개 껍데기를 깨끗하게 씻어 폰즈를 담은 후 키조개를 1cm 두께로 잘라 가지런하게 그 위에 올린다. 강판에 간 무와 고춧가루를 섞어 아카오로시를 만들어 키조개 위에 리코타 치즈와 함께 올린다.

생선 아귀의 이름은 불교에서 말하는 아귀餓鬼에서 유래했다. 아귀는 살아서 탐욕이 많았던 자가 사후에 아귀도에 떨어진 귀신으로, 굶주림의 형벌을 받아 입이 크고 흉하게 생겼다고 한다. 그래서 예전에 어부들은 그물에 아귀가 걸려들면 재수가 없다고 여겨서 물에 다시 던져 버리곤 했다. 혹시 미처 물에 던져 버리지 못해서 다른 물고기에 섞여 뭍으로 딸려오면 거름으로나 쓰려고 퇴비에 버려졌다고 한다. 그런데 언제부터인가 아귀를 찜이나 탕으로 만들어 먹기 시작했고 더불어 신분이 급상승한 덕에 요즘은 꽤나 대접받는 생선이 됐다. 겨울이 제철인 아귀는 버릴 것이 없고 맛이 담백해 강한 양념이나 소스 대신 클램 차우더를 곁들였다.

## 베이컨으로 만 안코우 야키와 클램 차우더

아귀 200g
베이컨 2줄
아귀 간 35g
딜 1장
중합 5개
감자 80g
양파 40g
마늘 1쪽
생크림 150ml
우유 150ml
파르메산 치즈 2Tbs
와사비 1Tbs
소금, 후춧가루 소량
물 500ml

01  아귀를 손질해 살을 4cm 높이의 원통형으로 자르고 팬에 담아 소금, 후춧가루를 뿌려 30분 이상 상온에 둔다. 베이컨으로 아귀를 두르고 조리용 실로 고정한다.
02  안키모 무시(아귀간 찜)을 준비한다.(94p 참조)
03  클램 차우더를 만든다.
    A  해감을 시킨 중합을 냄비에 담고 물 500ml를 붓고 끓인다. 조개가 완전히 벌어져 뽀얀 국물이 나오면 조개를 건져낸다.
    B  감자와 양파, 마늘을 팬에 기름을 두르고 볶는다. 이때, 소금과 후춧가루로 간을 하고 숨이 죽으면 우유와 생크림, 03-A의 조개육수를 넣고 끓인다. 파르메산 치즈로 간을 조절한다.
    C  믹서에 곱게 갈아 고운체에 거르고 와사비를 섞는다.
04  팬에 기름을 두르고 준비된 아귀를 굽는다.
05  오목한 접시에 클램 차우더를 담고 구운 아귀를 중앙에 놓은 후 그 위에 안키모 무시와 딜을 올린다.

아라니는 큰 뼈가 붙어 있는 생선을 졸이는 요리법이다. 도미 머리를 이용해 설탕, 청주, 간장을 넣어 윤기가 날 정도로 만드는 아라니가 가장 일반적이다. 내가 만든 은대구 아라니는 우엉을 국수처럼 길게 썰어 넣고 살짝만 졸여서 짠맛과 단맛을 약하게 조절했다. 추운 북극의 생선, 은대구의 기름진 부드러운 맛과 달콤함이 조화된 또 다른 아라니가 만들어졌다.

# 은대구 아라니

**은대구 240g**
**꽈리고추 3개**
**고구마 60g**
**우엉 20cm**
**대파 흰 부분 1개**
**생강 1개**
**가지 1/4개**
**삼바이스 300ml** (342p 참조)
**간장 100ml**
**맛술 200ml**
**청주 100ml**
**물 100ml**

01  은대구를 10cm × 10cm, 두께 2cm로 잘라 두쪽을 준비한다.
02  우엉은 껍질을 벗기고 길고 얇게 세로로 잘라 찬물에 담가두고, 고구마는 8cm 길이의 막대 모양으로 썬다. 대파의 흰 부분은 세로로 길게 칼집을 넣어 펼쳐놓고 세로로 채 썰고, 생강도 가늘게 채 썰어 찬물에 씻는다.
03  삼바이스에 절인 가지를 만든다.
   A 가지를 10cm 길이로 길게 자른다. 길게 6등분해 찜통에 찐다.
   B 삼바이스에 완전히 잠긴 상태에서 하루를 냉장보관해 사용한다.
04  은대구와 우엉을 냄비에 넣고 졸인다.
   A 은대구와 우엉을 넣고 분량의 맛술, 물, 청주를 넣고 끓인다.
   B 은대구가 익으면 간장 100ml와 고구마를 넣고 졸인다.
   C 국물이 어느 정도 졸여지면 꽈리고추를 넣고 숨이 죽을 정도에서 불을 끈다.
05  삼바이스에 절인 가지를 접시의 중앙에 놓고 그 위에 우엉을 올린다. 은대구와 고구마를 올리고 꽈리고추를 자연스럽게 놓는다. 가늘게 채 썬 대파와 생강을 올려 마무리한다.

우마니는 일본 가정에서 자주 해 먹는 요리로 호텔에서 근무하던 시절에 조식의 니모노(삶거나 끓인 음식) 메뉴로 자주 사용했다. 간장에 졸인 감자에 쇠고기를 넣은 '니쿠자가', 닭, 돼지, 소 등의 창자와 양배추 등을 넣고 끓인 '모쓰 나베', 돼지 뼈로 만든 육수에 우엉, 토란, 연근, 당근을 넣고 끓인 '니쿠미' 등이 있다. 추운 겨울밤에 먹는 김이 모락모락 올라오는 니모노는 따끈한 청주 한 잔을 생각나게 만든다.

# 우마니

**소 힘줄 100g**
**토란 5개**
**우엉 10cm**
**연근 60g**
**당근 80g**
**곤약 80g**
**청경채 1송이**
**진간장 80ml**
**맛술 60ml**
**설탕 60g**
**청주 30ml**
**물 500ml**

01 소 힘줄을 냄비에 담고 끓인다. 힘줄이 부드러워질 때까지 2시간 이상 끓인다.
02 채소 및 재료를 손질한다.
   A 토란은 껍질을 벗기고 절반을 잘라 끓는 물에 데친다.
   B 우엉과 연근, 당근은 껍질을 벗기고 1.5cm 크기의 사각형으로 자른다.
   C 곤약은 끓는 물에 데친 다음 손으로 뜯는다.
03 재료를 볶아서 끓인다.
   A 팬에 기름을 두르고 곤약, 우엉, 당근, 연근, 토란을 볶는다.
   B 01에 볶은 재료를 넣는다. 물이 500ml 정도라면 진간장 80ml, 맛술 60ml, 설탕 60g, 청주 30ml를 넣고 끓여 대접에 담는다. 데친 청경채를 올린다.

일식의 3대 진미로 꼽히는 안키모 무시는 프랑스 요리인 푸아그라와 흡사하다. 특유의 고소하고 부드러운 깊은 맛은 다른 재료로는 표현할 수 없는 특별함을 가지고 있다. 기름진 맛 때문에 많이 먹기에는 부담스러운 점을 고려해서 새콤한 폰즈와 깔끔하고 고소한 구아카몰을 곁들였다.

# 아보카도를 곁들인 안키모 스노모노

아귀 간 200g
가지 1/2개
학꽁치 살 1/4마리
실파 1뿌리
무 소량
폰즈 180ml
청주 1Tbs
삼바이스 200ml (342p 참조)
고춧가루 소량
라임 1/8개
전분 1컵

**구아카몰**
아보카도 1개
토마토 70g
양파 70g
저염 소금, 후춧가루 소량

01 아귀 간을 손질해서 찐다.
   A 아귀 간을 도마 위에 놓고 핏줄이나 지저분한 이물질을 제거한다.
   B 믹싱 볼에 물 1l와 청주 100ml를 붓고 손질한 아귀 간을 1시간 동안 담가서 핏물을 빼고 비린 맛을 제거한다.
   C 도마 위에 쿠킹포일과 비닐을 겹쳐 깔고 그 위에 아귀 간을 올린다. 마른 전분을 아귀 간의 접히는 부분에 바르고 소금을 뿌린 다음 동그랗게 말아 포일의 양쪽 끝을 사탕처럼 조인다.
   D 찜통에 물을 담아 물이 끓으면 준비한 아귀 간을 넣고 약 15분간 찐다. 완전히 식혀 사용한다.

02 삼바이스에 절인 가지를 만든다.
  A 가지를 10cm 길이로 길게 자른다. 길게 6등분해 찜통에 찐다.
  B 삼바이스에 완전히 잠긴 상태에서 하루를 냉장보관해 사용한다.
03 아보카도 1개를 절구에 넣고 으깬다. 양파와 껍질을 벗긴 토마토는 각각 0.5cm 크기의 사각으로 썬다. 모두 섞어서 구아카몰을 만든다. 이때, 저염 소금과 후춧가루로 간을 한다.
04 오목한 접시의 중앙에 가지 세쪽을 놓고, 그 위에 아귀 간 찜을 1cm 두께로 썰어놓는다. 구아카몰을 1Tbs 놓고 다시 아귀 간과 구아카몰을 올린다. 튀긴 학꽁치 살을 꽂는다.
05 강판에 간 무에 고춧가루를 섞어 비빈 아카오로시와 송송 썬 실파를 올리고 라임을 곁들인다.

『규합총서』에는 "바다에서 나는 것은 다 짜지만 유독 홍합만 싱거워 담채淡菜라 한다"고 기록되어 있다. 홍합의 속살을 말리면 해산물이면서도 짜지 않고 채소처럼 담백해 붙여진 이름이다. 홍합은 자연산과 양식이 뚜렷하게 구분되는데, 대량으로 양식되는 종은 외래종인 진주담채다. 우리 연안에 그토록 많던 홍합이 이제는 진주담채에 밀려 쉽게 볼 수 없게 되었고, 육지에서 멀리 떨어진 울릉도에서나 겨우 자연산 홍합이 명맥을 유지하고 있다. 홍합밥은 잘게 썬 홍합 살을 넣어 밥을 지은 뒤 양념장에 비벼 먹는 울릉도의 별미 음식이다. 나는 이 홍합밥을 응용해 나만의 홍합밥을 만들었다. 후각을 부드럽게 감싸는 갯내음과 쫄깃한 육질의 담백함이 어우러져 식욕을 돋운다.

# 홍합밥

**홍합 살 100g**
**쌀 2/3공기**
**표고버섯 1개**
**삼색 파프리카 소량**
**명이 잎 1장**
**청주 1Tbs**
**진간장 1Tbs**
**버터 1tsp**

01     재료를 준비한다.
       A  홍합 살은 깨끗하게 씻고 큰 것은 적당한 크기로 썬다.
       B  표고버섯, 파프리카, 명이 잎은 녹두알 크기로 다진다.
       C  쌀은 씻어서 불린다.

02     홍합 살을 넣고 밥을 짓는다.
       A  냄비에 참기름을 두르고 홍합 살을 넣고 중불로 볶는다. 청주, 진간장을 넣은 뒤 쌀과 버터를 넣고 쌀이 살짝 뭉칠 때까지 볶다가 물을 붓고 뚜껑을 덮어 끓인다.
       B  끓으면 뚜껑을 열고 주걱으로 내용물을 뒤집는다. 다시 뚜껑을 덮고 약한 불에서 뜸을 들인다.

03     채소와 함께 볶아 밥을 완성한다.
       A  밥이 완성되면 팬에 파프리카, 표고버섯, 명이 잎을 넣고 기름을 살짝 둘러 볶는다.
       B  팬에 밥을 넣고 같이 볶은 뒤 그릇에 담는다.

겨울부터 봄까지 제철인 참도미는 살이 꽉 차 있으면서 단단하고 비린 맛이 없다. 나는 도미가 차밥에 적당하다고 생각해 종종 만들어 먹었는데, 녹차가 바다의 맛을 가리는 것이 고민이었다. 그래서 참도미를 소금에 절이고 청주에 불린 다시마를 덮어 숙성시켜보았는데 탄력과 감칠맛이 녹차의 맛과 잘 어울렸다.

# 마다이 곤부지메 차즈케

**밥 180g**
**도미 90g**
**우메보시 1개**
**모즈쿠 1Tbs**
**무순 소량**
**와사비 1tsp**
**실파 1/2뿌리**
**물 500ml**
**말차 1/2컵**
**가쓰오부시 1/2컵**
**다시마 1장**
**간장, 소금, 청주 소량**

01  횟감 도미를 다시마에 절인다.
   A 횟감으로 다듬어진 도미 살을 준비한다. 소금을 고르게 뿌리고 2시간 정도 절인다.
   B 절여진 도미를 물에 씻고 물기를 제거한다.
   C 다시마를 닦은 다음 도미를 덮을 수 있는 적당한 크기로 자른다.
   D 도미를 회 떠서 접시에 담고 재단한 다시마에 청주를 발라 도미 위에 덮고 랩을 씌워 냉장고에 하루 보관한다.

02  우메보시는 씨를 제거하고 거칠게 다진다. 와사비는 강판에 갈고, 실파는 송송 썬다.

03  국물을 만든다.
   A 물 500ml를 끓인다. 불을 끄고 가쓰오부시를 넣은 후 1분 후에 고운체에 걸러낸다.
   B 뜨거운 물로 말차를 만든다.
   C 말차와 가쓰오부시를 동량으로 섞어 뜨겁게 데운다. 이때 간장, 소금, 청주를 조금씩 넣는다.

04  대접에 밥을 담고 그 위에 도미, 우메보시, 실파, 와사비, 무순, 모즈쿠*를 토핑하고 03의 뜨거운 국물을 붓는다.

모즈쿠もずく : 모즈쿠는 북해도에서 오키나와까지 일본 각지의 연안에 분포하는 조류의 해초로 해류에 의해 천천히 헤엄치듯 움직여서 해운(海雲)으로 불리기도 한다.

일본에서 말하는 두부는 우리의 두부보다 훨씬 범위가 넓다. 삶은 콩을 갈아 걸러내 간수를 넣어 굳힌 것도 두부지만, 우리의 '묵' 종류도 대부분 두부에 속한다. 최근 몇 년 사이에 '모치이리 도후'가 이자카야의 단골메뉴로 자리 잡았는데, 나는 그보다 더 특별한 '찹쌀을 넣은 검은 두부'를 구상했다. 곱게 간 검은깨와 찹쌀가루, 칡전분을 넣어 굳히고 느끼하지 않도록 유자즙으로 만든 소스를 선택했다.

# 구로 모치이리 도후와 유주안

**칡전분 60g**
**찹쌀가루 40g**
**구로아타리고마(검은깨) 50g**
**물 400ml**
**우유 400ml**
**설탕 90g**
**꿀 40g**
**크림치즈 80g**
**유자착즙 40ml**
**소금 소량**
**기노메 1개**
**물전분 소량**

01  크림치즈를 그릇에 담아 중탕해서 말랑하게 만든다.
02  믹싱 볼에 분량의 칡전분, 찹쌀가루, 설탕, 물을 넣어 잘 섞는다. 그리고 냄비에 옮겨 주걱으로 저어가며 약불로 끓인다.
03  꿀과 01의 크림치즈를 넣고 바닥이 눋지 않도록 20분 이상 주걱으로 긁어주며 끓인다.
04  03에 구로아타리고마를 넣고 끓으면 불을 끄고 대접에 담아 굳힌다. 만약 구로아타리고마가 없으면 검은깨를 절구에 담아 기름이 나와 걸죽할 때까지 곱게 갈아 넣는다.
05  유자착즙 40ml, 설탕 40g, 소금 소량을 넣고 끓이면서 물전분을 풀어 걸죽한 유주안을 만든다.
06  유주안을 접시에 담고 구로 모치이리 도후를 중앙에 놓는다. 기노메*로 모양을 낸다.

기노메木の芽, きのめ : 산초의 어린 잎

3〜4月

# 봄 스시

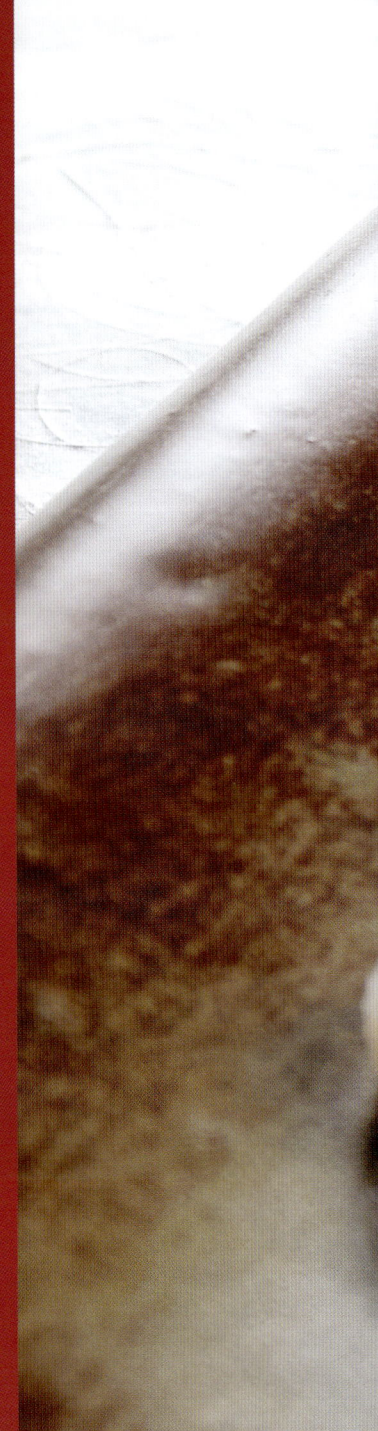

**가레이** かれい
가자미는 봄부터 여름까지 먹는 흰살생선이다. 광어에 비해 탄력이 좋고 빛깔도 투명하며 시원하고 깔끔한 단맛이 특징이다. 오래 숙성하지 않고 탄력이 있는 상태에서 네타를 얇게 떠서 초밥을 만든다.

**다이 마쓰가와**
도미의 등살을 마쓰가와했다. 도미 껍질 안쪽의 맛있는 기름을 먹기 위해 개발된 방법이다. 껍질을 벗기면 어느 정도의 지방층이 껍질과 함께 벗겨지므로 석장 뜨기한 도미를 소쿠리에 올리고, 그 위에 끓는 물을 뿌려 껍질만 살짝 익힌다. 뱃살보다 오히려 탄력이 좋고 질기지도 않다. 적당한 기름의 맛이 고소함을 더해준다.

**사케** 鮭
흔히 연어는 가을이 제철이라고 하지만, 나는 봄철 연어를 더 좋아한다. 연어의 뼈를 제거하고 석 장 뜨기해서 소금을 듬뿍 뿌려 3시간 정도 절인다. 연어를 씻어 물기를 제거하고 청주에 적신 다시마로 연어를 감싸고 다시마가 마르지 않도록 젖은 수건을 덮어 6시간 이상 재운다.

### 노도구로 のどぐろ

눈볼대는 목 안쪽이 검어서 '노도구로(검은 목구멍)'라고 불린다. 나는 토치로 살짝 구워 지방의 맛을 끌어내어 초밥 재료로 사용한다. 한쪽 면만 살짝 구운 눈볼대는 간장보다 폰즈에 살짝 적셔 초밥을 쥐는데 깔끔한 지방의 맛이 일품이다.

### 도리가이 鳥貝

새조개는 봄철에 단맛이 증가하고 살이 두툼해져 씹는 맛이 좋다. 새의 부리처럼 생긴 뾰족한 부분의 검은 막이 훼손되지 않은 것이 상품上品이다. 그래서 나는 검은 부분에 상처가 나지 않도록 도마 대신 매끈한 유리 위에서 손질해서 끓는 물에 소금을 넣고 살짝 데쳐 사용한다. 부드러운 살은 단맛이 나고 초밥을 쥐어 간장을 더했을 때 상쾌한 느낌을 더한다.

### 다치우오 太刀魚

나도 초밥을 즐겨 먹지만 유노추보 외에 다른 곳에서 갈치 초밥을 본 적은 없는 듯하다. 갈치는 여름이 제철이라고 하지만, 나는 알이 밴 여름철 갈치보다는 살에 물이 오른 봄철 갈치를 더 선호한다. 신선한 횟감 갈치의 뼈를 발라내고 소금을 살짝 뿌려 절인 다음 숯불에 구워 사용했다

### 두릅

가볍지 않은 쌉싸름한 맛이 초밥에 잘 어울린다. 두릅의 아래쪽에 있는 껍질과 가시를 잘 제거한 다음, 끓는 소금물에 살짝 데쳐 씹었을 때 아삭함이 느껴지도록 한다.

노도구로

다이 마쓰가와

### 시라우오 白魚

뱅어는 민물과 바닷물이 만나는 지점에서 잡힌다. 동그랗게 뜬 검은 눈동자가 무척 귀여운 뱅어는, 살에서 은은한 갯내음과 단맛이 난다. 생김새와 맛이 모두 좋아서 예로부터 에도마에스시의 대표적인 스시 재료로 쓰였다. 에도마에스시는 도쿄만灣에서 잡히는 생선으로 만든 도쿄식 니기리즈시로 가장 전통적이고 스탠더드한 니기리즈시이다.

### 아마에비 あまえび, 시마에비 シマえび

앞 장의 사진에 등장하는 새우는 동해산 단새우로 겨울철부터 초봄까지 제철이고, 입에 넣는 순간 사르르 녹을 정도로 부드럽고 단맛이 풍부하다. 독도 근해에서 잡히는 시마에비(꽃새우)는 아마에비에 비해 육질이 단단한 편이지만 달콤함은 아마에비 못지않다.

### 우니 うに

성게 알은 백반으로 보존처리하는 경우가 있어 특유의 씁쓸한 맛이 텁텁한 뒷맛을 남긴다. 나는 백반 처리하지 않은 것을 사용하거나 소금물에 담가오는 염수 우니를 사용한다. 간장에 절인 울릉도산 명이 잎으로 초밥을 감싸서 그 위에 성게 알을 올려 먹으면 달콤한 맛이 더욱 돋보인다.

### 하마구리 蛤

봄철 대합은 가장 튼실한 조갯살을 가지고 있다. 씹히는 맛은 탄력 있고 상당히 볼륨감 있는 풍부한 맛이다. 대합의 껍데기를 벗기고 조갯살 중앙에 칼집을 넣어 넓게 벌린 다음, 끓는 물에 살짝 데쳐 초밥을 쥐었다. 초밥 표면에 바르는 양념인 쓰메를 따로 만들었는데, 조개육수에 간장, 맛술, 청주, 설탕을 넣고 졸여 사용했다.

다치우오

시라우오

우니

눈볼대는 워낙 지방이 많은 생선이라 토치로 살짝 구웠을 때 풍미가 뛰어나다. 나는 평소에 부드러운 재료에는 부드러운 소스를 사용하지만, 노도구로에 부드러운 소스를 사용하면 지방의 맛이 너무 도드라질 것 같아서 다른 방법을 택했다. 상큼한 폰즈와 새콤달콤한 아마즈로 버무린 어린 교나 잎을 곁들였다. 그리고 재료와 소스 사이의 이질감을 없애기 위해 약간의 오일을 첨가해 메뉴를 완성했다.

# 노도구로 아부리

**눈볼대 1마리**
**폰즈 오일 소스 100ml** (347p 참조)
**교나 15g**
**아마즈 20ml**
**참기름 1tsp**
**저염 소금, 후춧가루 소량**

01  눈볼대를 손질한다.
　　A 눈볼대는 비늘과 내장을 제거하고 깨끗하게 씻어 마른 행주로 물기를 제거한다.
　　B 석 장 뜨기를 하고 핀셋을 이용해 가운데 뼈를 뽑는다.
02  눈볼대를 얇게 회를 떠서 접시에 돌려 담는다.
03  저염 소금과 후춧가루를 눈볼대 위에 뿌리고 토치로 살짝 굽는다.
04  생선이 폰즈 오일 소스에 젖도록 천천히 소스를 뿌린다.
05  교나*를 아마즈와 참기름에 버무려 중앙에 놓는다.

교나京水菜, みずな/きょうな : 교토의 호수나 냇가에서 자라는 채소로 알려져 '교나' 또는 '미즈나'라고 한다. 강한 맛이 없고 상큼하고 부드러워서 어떠한 요리의 곁들임으로 사용해도 잘 어울린다.

갈치는 아마도 우리나라 사람들에게 가장 인기 있는 생선이 아닌가 싶다. 유노추보의 갈치는 매일 아침 제주도에서 올라오는 것을 사용한다. 주로 초밥용으로 사용하지만, 가끔 샐러드로 만들어서 자주 오는 고객에게 가벼운 술안주로 만들어 드리는 요리다.

# 다치우오 샐러드

**갈치 200g**
**아보카도 1/4개**
**삼색 파프리카 1/4개씩**
**가지 1/5개**
**새송이버섯 1/2개**
**주키니 호박 30g**
**아스파라거스 2개**
**어린 잎 소량**
**에그 비네거 소스 2Tbs** (348p 참조)
**버터 1tsp**
**청주 1Tbs**
**소금, 후춧가루 소량**

01  횟감용 갈치를 준비해 손질한다.
　　A  갈치는 머리와 내장을 제거하고 깨끗하게 씻어 석 장 뜨기한다.
　　B  갈치를 쟁반에 놓고 소금을 살짝 뿌려 30분 정도 상온에서 재운다.
02  채소를 손질한다.
　　A  새송이버섯, 삼색 파프리카, 주키니 호박, 가지는 1.5cm 크기의 삼각형으로 자른다.
　　B  아스파라거스는 껍질을 벗기고 12cm 길이로 잘라서 끓는 물에 소금을 넣고 데친다.
　　C  아보카도는 껍질과 씨를 제거하고 3mm 두께로 얇게 썰어 준비한다.
03  갈치의 껍질에 2mm 간격으로 칼집을 넣고 석쇠에 올려 숯불에 절반만 굽는다.
04  팬에 기름을 두르고 새송이버섯, 삼색 파프리카, 주키니 호박, 가지, 아스파라거스를 볶는다.
　　소금과 후춧가루로 간을 하고 마지막에 버터를 넣고 센 불에 청주를 뿌려 알코올을 날린다.
05  볶은 채소를 접시에 담고, 그 위에 에그 비네거 소스를 고르게 뿌린다.
06  채소 위에 아보카도와 절반만 구운 갈치를 담고 어린 잎을 올린다.

연어는 일식을 좋아하는 사람들에게 의외로 낮게 평가되는 재료다. 아마도 알래스카나 노르웨이에서 들여온 저렴한 재료를 사용한다는 인식이 있기 때문인 것 같다.
나는 연어를 곤부지메해서 사용하는데, 이렇게 만든 연어는 특유의 향에 다시마의 깊은 맛과 감칠맛이 더해져 매력적이고 독특한 식재료로 변신한다. 싱싱한 생선 중에 연어만큼 신선한 채소와 이질감 없이 잘 어울리는 생선도 없다.

## 로메인 레터스와 사케 샐러드

**연어 100g**
**로메인 상추 한 송이**
**발사믹 드레싱 40ml** (341p 참조)
**프루츠케이퍼 3개**
**홀스래디시 크림 1Tbs** (340p 참조)
**청주 30ml**
**다시마 1장**
**소금 소량**

01 연어를 곤부지메한다.
- A 연어를 석 장 뜨기한다. 큰 쟁반에 연어를 놓고 소금을 듬뿍 뿌려 4시간 정도 상온에서 절인다.
- B 연어를 완전히 덮을 수 있는 크기의 다시마를 준비한다. 다시마를 마른 수건으로 닦고 붓으로 청주를 발라 부드럽게 만든다.
- C 청주에 불린 다시마를 연어 위에 덮고 공기가 통하지 않도록 랩으로 씌워 6시간을 냉장보관한다.
- D 다시마를 걷어내고 핀셋으로 뼈를 제거하고 적당한 크기로 재단한다.

02 로메인 상추를 깨끗하게 씻고 뿌리 부분을 짧게 자른 다음 접시에 담고 발사믹 드레싱을 고르게 뿌린다.
03 연어를 3mm 두께로 얇게 썰어 로메인 상추 위에 걸쳐서 덮는다.
04 연어 위에 홀스래디시 크림을 올린다.
05 홀스래디시 크림에 프루츠케이퍼를 놓는다.

이 요리는 삼겹살과 함께 구워먹는 양파를 뜨거운 샐러드로 만들어보면 어떨까라는 생각에서 만들게 된 메뉴다. 나는 깨끗한 샐러드 오일이 아닌 고기를 구울 때 나오는 기름이 밴 양파의 맛을 재현하고 싶었다. 이 샐러드는 살치 살과 함께 구운 양파에 신선한 모차렐라 치즈와 발사믹 리덕션을 조합해 완성했다. 2009년 봄 메뉴 개편 때 넣었는데 아직까지도 유노추보를 대표하는 베스트 메뉴로 판매되고 있다.

# 어니언 타워 샐러드

**양파 1개**
**살치 살 60g**
**프레시 모차렐라 치즈 1/4개**
**크레송 1/3컵**
**감자 1/2개**
**핑크페퍼 10개**
**발사믹 리덕션 20ml** (341p 참조)
**에그 비네거 소스 1Tbs** (348p 참조)
**소금, 후춧가루 소량**

01  재료를 손질한다.
  A  양파는 1.5cm 두께의 원형으로 3개를 만들어 소금과 후춧가루를 뿌려둔다.
  B  살치 살은 7cm×3cm 크기의 3mm 두께로 6쪽 잘라 소금과 후춧가루를 뿌린다.
  C  모차렐라 치즈는 살치 살과 같은 크기로 3쪽을 준비한다.
  D  감자는 가늘게 썰어 찬물에 헹궈 전분을 뺀다.
02  팬에 기름을 두르고 양파를 앞뒤로 굽는다. 이때 살치 살도 같이 굽고 먼저 익은 살치 살과 프레시 모차렐라 치즈는 뜨거운 양파 위에 올려 기름이 양파에 스며들도록 한다.
03  감자는 165°C의 기름에 튀겨낸다.
04  크레송을 오목한 접시에 깔고 02의 구운 재료를 접시의 중앙에 놓고 발사믹 리덕션과 에그 비네거 소스를 뿌린 후 다시 구운 양파와 소스를 뿌려 3층으로 만든다.
05  튀긴 감자를 양파 타워 위에 조심스럽게 올리고 발사믹 리덕션을 흘린다. 핑크페퍼를 자연스럽게 뿌려 마무리한다.

야키니쿠 소스에 볶은 와규와 상큼한 교나 샐러드. 마치 상추쌈에 불고기를 쌈 싸 먹는 것 같은 이 샐러드는 새콤달콤하고 깔끔한 아마즈를 드레싱으로 사용했다. 간단하게 만들어 부담 없이 즐길 수 있는 샐러드이다.

# 와규 미즈나 샐러드

와규 100g
교나 30g
야키니쿠 소스 1Tbs (350p 참조)
아마즈 20ml
참기름 1tsp
깨 1tsp
실파 1뿌리
레몬 제스트 소량

01  와규 전각(앞다리)을 얇게 슬라이스해서 야키니쿠 소스에 2시간 이상 재운다.
02  교나는 7cm 길이로 잘라 씻어서 물기를 제거하고 믹싱 볼에 담아 아마즈와 참기름으로 버무린다.
03  팬에 기름을 두르고 01의 와규 전각을 볶는다.
04  샐러드를 대접에 담고 중앙에 볶은 와규를 올리고 레몬 제스트와 깨, 송송 썬 실파를 뿌린다.

뱅어는 작고 볼품없는 생선이지만, 은은한 바다의 향기와 단맛이 좋다. 마른 전분을 얇게 입혀 튀기면 단맛과 고소한 맛이 조화를 잘 이뤄 가벼운 술안주로 좋다. 튀김용 간장보다는 곱게 갈아 만든 저염 소금을 찍어 먹으면 더 맛있게 먹을 수 있다.

# 시라우오 아게

**뱅어 100g**
**감자전분 50g**
**저염 소금 1Tbs**
**레몬 1/8개**

01  뱅어를 소금을 약하게 섞은 물에 살살 흔들어 씻는다.
02  작업대 위에 마른 행주를 깔고, 그 위에 01의 뱅어를 건져놓고 다시 마른 행주로 살짝 눌러 물기를 닦는다.
03  파이 팬에 마른 감자전분을 담고 뱅어를 넣고 굴린 다음 굵은체에 쏟아 전분가루를 털어낸다.
04  뱅어를 170°C의 기름에 튀긴다.
05  레몬과 저염 소금을 곁들인다.

매년 봄이 되면 서해에서 살아 있는 주꾸미가 올라온다. 십여 년 전의 일식 레스토랑에서는 쇠고기, 닭고기, 복어 정도의 재료를 가라아게(전분과 함께 양념해 튀기는 일본식 튀김의 종류)로 만들었다. 당시 나는 연체류인 주꾸미를 가라아게로 요리해서 신선한 채소와 곁들여 냈는데 고객들의 큰 호응을 얻었다. 나의 주꾸미 가라아게는 매년 봄마다 조금씩 발전되어, 올해는 반죽에 먹물을 섞은 '주꾸미 구로아게'라는 메뉴를 만들었다.

# 이이다코 구로아게

주꾸미 2마리
양파 50g
감자전분 2Tbs

**주꾸미 반죽 양념**
계란 노른자 1/2개
참기름 1/2Tbs
후춧가루 소량
설탕 1/2tsp
다진 마늘 1tsp
청주 1Tbs
감자전분 2Tbs
오징어 먹물 1/2tsp

01  주꾸미를 손질한다.
    A  주꾸미는 튀겼을 때 질기지 않도록 살아 있는 큰 것으로 준비한다.
    B  몸통에 칼집을 넣고 내장을 제거한다. 알이 있으면 조심스럽게 꺼낸다.
    C  알을 제외한 다리는 소금으로 씻어 찬물에 여러 번 헹궈 짠맛을 제거한다.
02  주꾸미를 양념해 반죽한다.
    A  믹싱 볼에 계란 노른자, 참기름, 후춧가루, 설탕, 다진 마늘, 청주를 넣고 잘 섞은 다음 주꾸미와 같이 버무려 2시간을 재운다.
    B  믹싱 볼에 감자전분 2Tbs과 오징어 먹물 1/2tsp을 함께 넣고 잘 반죽한다.
03  165℃의 기름에 반죽한 주꾸미를 튀긴다. 알은 칼집을 넣고 같이 튀긴다.
04  얇게 원형으로 썬 양파를 마른 전분을 입혀 165℃의 기름에 튀긴다.
05  접시 위에 오징어 먹물로 장식을 하고 주꾸미와 양파를 접시에 담는다.

성게 알 튀김은 성게 알을 김으로 말아 반죽을 얇게 입혀 튀긴다. 관건은 겉은 바삭하고 속의 성게 알은 익지 않도록 튀기는 기술에 있다. 내가 주로 스시 카운터에서 고객에게 만들어 드리는 요리로, 튀김요리 특유의 고소함에 성게 알의 달콤하고 고소한 맛이 더해져 상승작용을 일으킨다.

# 우니 덴푸라

**목판 성게 알 2판**
**김 3장**
**계란 1개**
**레몬 1/2개**
**감자전분 1컵**
**튀김가루 1컵**
**밀가루 1컵**
**물 1L**

01 튀김 반죽을 준비한다.
   A 물 1l에 계란노른자 1개를 넣고 잘 섞은 다음 레몬 1/2개를 짜서 넣는다.
   B 감자전분과 튀김가루를 동량으로 섞는다.
   C 믹싱 볼에 계란 물과 감자전분과 튀김가루를 섞은 분말을 같은 비율로 섞어 반죽을 만든다.
02 김을 4등분 해서 성게 알을 넣고 길게 말아 김의 끝부분이 아래로 향하도록 쟁반 위에 놓는다.
03 쟁반에 밀가루를 담고 김말이에 고르게 입혀지도록 굴린다.
04 김말이에 반죽을 입혀 175℃의 기름에 튀긴다. 표면이 단단해지면 건져내어 반으로 자른다.
05 성게 알이 잘 보이도록 접시에 담는다.

구운 눈볼대를 한입 베어 먹으면 부드러운 생선살이 녹으면서 풍부한 지방의 감칠맛이 입안에 가득 퍼진다. 눈볼대에 봄철 성게 알을 올려 구워서 그 풍부한 맛을 더했다. 김이 모락모락 올라오는 뜨거운 밥 위에 눈볼대 성게 알 구이를 올리고 간장으로 비벼 먹는 맛은 입으로 누릴 수 있는 최고의 사치다.

# 노도구로 우니 야키

**눈볼대 1마리**
**성게 알 1판**
**하지가미(생강순 절임) 1개**
**소금**
**와카사지 30ml**

01  눈볼대를 손질한다.
    A  눈볼대는 비늘과 내장을 제거하고 깨끗하게 씻어 마른 행주로 물기를 제거한다.
    B  눈볼대를 뼈를 중심으로 넓게 펼쳐 쟁반에 놓고 소금을 뿌려 간이 배도록 3시간을 재운다.
02  눈볼대를 석쇠에 올려 그릴에 살부터 굽는다. 살이 절반 정도 익으면 뒤집어 굽고 성게 알을 가지런히 올려 더 굽는다.
03  성게 알이 익으면 와카사지*를 바르고 접시에 담는다. 하지가미로 가니시한다.

와카사지 : 전어나 전갱이 등 작은 생선을 구울 때 바르는 소스를 말한다. 비린 맛을 제거하고 감칠맛을 더하며 구이의 표면이 윤기가 나도록 하기 위해 사용한다.

왕우럭조개는 특유의 갯내음 때문에 사람에 따라서 호불호가 분명하게 나뉘는 식재료이다. 나는 왕우럭조개를 석쇠에 올려 숯불로 살짝 굽고, 얇게 자른 어란과 매콤한 소스를 곁들였다.

# 살사 베르데를 곁들인 미루가이와 가라스미

왕우럭조개 1마리
얇게 자른 어란 7쪽
살사 베르데 1Tbs (343p 참조)
어린 잎 소량
소금 소량

01  왕우럭조개의 출수구를 끓는 물에 살짝 데친 다음, 껍질을 벗기고 히모(조개끈)와 관자 조갯살을 분리해 소금으로 살짝 문질러 씻는다.
02  왕우럭조개를 5cm×2cm 크기로 얇게 썰어 석쇠에 올려 숯불에 굽는다. 이때 오래 굽지 않는다.
03  어란은 2mm 두께로 썬다.
04  어란과 구운 왕우럭조개를 겹쳐서 쌓아 올리고 위에 어린 잎을 올린다.
05  접시에 살사 베르데를 곁들인다.

마블링이 좋은 질 좋은 한우로 만든 스테이크는 언제 먹어도 최고의 맛을 선사한다. 그래서 고객들에게도 늘 좋은 평가를 받았지만, 스테이크가 식었을 때 기름이 굳은 맛은 보완해야 할 점이었다. 나는 따끈하게 데운 철판에 스테이크를 썰어 올린 후 깔끔한 맛의 교나를 곁들여 이 문제를 해결했다.

# 뎃판 등심 스테이크

**한우 등심 200g**
**무 50g**
**겨자 1Tbs**
**데리야키 와인 소스 60ml** (346p 참조)
**교나 30g**
**아마즈 20ml**
**참기름 5ml**
**소금, 후춧가루 소량**

01  등심을 마리네이드한다.
   A  등심을 1.5cm 두께로 자른다.
   B  밀폐용기에 올리브오일, 얇게 썬 양파, 통후춧가루를 넣고 등심을 완전히 담가 냉장보관해 3일 후에 사용한다.
   이런 방법으로 마리네이드를 하면 육즙이 빠지지 않아 맛있게 숙성된다.
02  교나는 7cm 길이로 잘라 찬물에 씻고 무는 강판에 곱게 갈아 물을 짜서 준비한다.
03  등심을 굽는다.
   A  등심을 건져 기름을 닦고 팬에 앞뒤로 굽는다. 이때 소금과 후춧가루를 뿌린다.
   B  등심이 절반 정도 구워지면 팬에 와인 데리야키 소스를 붓고 끓인다. 등심을 한 번 뒤집어 잠시 후에 건져내 자른다.
   C  철판을 따끈하게 데우고 자른 등심을 가지런히 철판 위에 놓는다. 데리야키 와인 소스를 뜨겁게 데워 고기 위에 뿌린다.
04  믹싱 볼에 교나를 넣고 아마즈와 참기름으로 버무려 등심 옆에 놓는다.

미국의 대통령도 다녀갔다는 일본 긴자의 유명한 초밥집에 찾아간 적이 있었다. 그곳의 주방장은 그날 맛있게 먹은 대합이 우리나라 서해에서 잡히는 것이라고 했다. 우리나라의 갯벌에서 잡히는 대합은 비싼 가격으로 일본까지 수출된다고 한다. 대합에서는 모시조개의 단맛과 바지락의 시원한 맛, 홍합이나 피조개에서 느껴지는 풍부한 맛이 모두 합쳐진 맛이 난다. 나는 평소 요리할 때 대합육수를 많이 사용하기 때문에 조갯살이 남는 경우가 종종 있는데 그럴 때 남는 조갯살로 그라탱을 만들곤 한다.

## 하마구리 그라탱

대합 3마리
쇠고기 다짐육 2Tbs
슬라이스 체다 치즈 1장
모차렐라 치즈 1/2컵
감자 1개
생크림 40ml
베이컨 1줄
소금, 후춧가루 소량

01-A

01-A

02-C

01 재료를 준비한다.

    A 대합을 찌거나 삶아 살을 꺼내어 녹두알 크기로 잘게 썬다.

    B 감자를 삶아 껍질을 벗겨 믹싱 볼에 넣고 으깬다.

    C 베이컨은 팬에 기름을 넉넉하게 붓고 1cm 크기로 잘라 약불로 튀기듯이 볶는다.

02 내용물을 만든다.

    A 팬에 기름을 두르고 쇠고기 다짐육을 볶는다. 다진 조갯살을 넣고 소금과 후춧가루로 간을 한다.

    B 약불 위에 냄비를 올리고 으깬 감자를 나무주걱으로 저어가면서 볶는다. 생크림을 조금씩 흘려주면서 주걱으로 계속 냄비의 바닥을 긁는다. 찰기가 생기면 소금과 후춧가루로 간을 하고 베이컨을 섞는다.

    C 감자와 볶은 쇠고기, 대합을 잘 비벼서 조개 껍데기 안에 3/5 정도 채운다.

    D 모차렐라 치즈를 덮고 슬라이스 체다 치즈를 가늘게 썰어 위에 뿌린다.

03 200℃로 예열된 오븐에 넣고 표면의 치즈가 끓어오를 때까지 굽는다.

오얏코 돈부리는 간장소스로 끓인 닭고기에 계란을 풀어서 밥 위에 올려 먹는 덮밥을 말한다. '오얏코'라는 단어가 닭과 계란, 즉 부모와 자식의 관계를 의미하는데, 나는 닭고기와 계란 대신 연어와 연어 알을 사용해 오얏코 돈부리를 만들었다.

# 사케 오얏코 돈부리

초밥 190g
연어 120g
연어 알 1Tbs
양파 30g
김채 소량
후리카케 소량
시소 2장
오복채 소량
실파 1뿌리
무순 소량
와사비 1tsp
와사비 소야 드레싱 1Tbs (349p 참조)
다시마 1장
청주 30ml
소금 소량

01-A

01-B

01-B

01-C

01 연어를 곤부지메한다.
  A 연어를 석 장 뜨기한다. 큰 팬에 연어를 놓고 소금을 듬뿍 뿌려 4시간 정도 상온에서 절인다.
  B 청주에 불린 다시마를 연어 위에 덮고 공기가 통하지 않도록 랩으로 씌워 6시간을 냉장보관한다.
  C 다시마를 걷어내고 핀셋으로 뼈를 제거한 후 적당한 크기로 재단한다.
02 양파는 얇게 채 썰어 찬물에 헹군다. 시소는 가늘게 채 썬다.
03 그릇에 담는다.
  A 따끈한 초밥을 대접에 담는다.
  B 초밥 위에 후리카케, 오복채, 김채를 뿌리고 연어를 3mm 두께로 썰어 밥 위에 덮는다.
  C 양파를 그릇의 중앙에 올리고 와사비 소야 드레싱을 그 위에 뿌린다. 그리고 연어 알을 올리고 송송 썬 실파를 뿌린다. 무순과 와사비를 곁들인다.

몇 해 전 3월에 동생과 함께 안면도에 갔다가 주꾸미와 새조개 샤부샤부를 처음 먹었다. 너무 맛있게 먹어서 그 기억이 아직도 남아 있다. 새조개는 살짝 데쳤을 때 살이 더 도톰해지고, 조개 특유의 비린 맛이 없어져 더욱 고소하고 단맛을 느낄 수 있다.

# 도리가이 샤부샤부

**새조개 15마리**
**다시마 1/4장**
**무 30g**
**대파 1뿌리**
**폰즈 40ml**
**실파 1뿌리**
**쑥갓 소량**
**레몬 슬라이스 1개**
**소금, 청주 소량**
**(칼국수 면 1인분, 주꾸미 2마리)**

01 새조개의 껍데기와 내장을 제거하고 조갯살을 준비한다.
02 냄비에 다시마를 넣고 끓인다. 물이 끓으면 얇게 3mm 두께로 썬 무와 어슷하게 썬 대파, 쑥갓, 소금, 청주를 조금 넣는다.
03 폰즈를 작은 종지에 담고 송송 썬 실파와 슬라이스한 레몬을 넣어 준비한다.
04 육수가 끓으면 새조개를 샤부샤부해 먹는다.
05 칼국수를 먹으려면 잘 손질한 주꾸미를 넣는다. (이런 방법은 주꾸미의 단맛과 새조개의 개운한 맛을 함께 느낄 수 있어 더욱 좋다.)

유노추보에서는 그동안 흑임자, 흑미, 먹물, 생강 등 천연재료로 만든 아이스크림을 디저트로 만들어 좋은 반응을 얻었다. 이번에는 일본의 대표적인 식재료인 우메보시로 아이스크림을 만들어보았다. 우메보시의 짠맛과 아이스크림의 단맛이 잘 어울리지 않아 쉽지 않았지만, 결국 일본 와카야마 지역의 기슈 우메보시를 사용해 조화를 이뤄내는 데 성공했다. 기슈 우메보시는 꿀에 절여 염도와 산도가 상당히 낮고 달콤한 맛이 나는 것이 특징이다.

## 우메보시 아이스크림과 단팥

우메보시 과육 90g
생크림 500ml
우유 200ml
설탕 300g
계란 10개
아마레토 1tsp
팥 100g
진간장 1Tbs
반건조 우메보시 2개

01 우메보시 베이스를 만든다.
    A 우메보시의 씨를 제거한다.
    B 믹싱 볼에 씨를 제거한 우메보시 과육 90g과 설탕 200g, 우유 200ml를 넣고, 계란을 흰자와 노른자를 분리해서 노른자 3개를 넣은 다음 잘 섞어 믹서에 곱게 간다.
02 생크림을 100% 휘핑한다.
03 계란을 흰자와 노른자를 구분해 흰자 10개를 100% 휘핑해 머랭을 만든다.
04 01, 02, 03의 재료를 모두 믹싱한다.
    A 큰 믹싱 볼을 준비하고 우메보시 베이스와 휘핑한 생크림, 머랭을 섞는다.
    B 반건조 우메보시*는 가늘게 채 썰어 넣고 아마레토를 넣은 뒤 주걱으로 천천히 섞는다.
05 04를 바닥이 넓은 그릇에 담아 냉동시킨다. 냉동고에서 2시간마다 꺼내어 다시 섞어 얼린다.
06 단팥을 만든다.
    A 팥은 깨끗하게 씻어 물을 넉넉하게 붓고 끓인다.
    B 팥이 가운데까지 부드럽게 익으면 팥과 같은 무게의 설탕과 약간의 진간장을 넣고 더 끓인다.
07 아이스크림이 얼면 퍼서 담고 옆에 단팥을 곁들여 완성한다.

**기슈 우메보시** : 일본의 유명한 매실 산지인 기슈산 매실을 사용해서 만든 우메보시. 보통의 우메보시보다 큰 매실을 사용하고 시소(적차조기 잎)로 색을 낸 전통방식 그대로 만든 후 꿀에 재워 시고 짠맛을 억제했다.

5〜6月

# 마쿠노우치 벤토 幕の内 弁当

**오쓰쿠리** 御作り 생선회
다이 마쓰가와(도미회), 아마에비(단새우), 마구로즈케(간장소스에 절인 참치)

깔끔하고 깊은 맛의 흰살생선으로 껍질만 살짝 데친 도미, 부드럽고 은은한 맛의 단새우, 데리야키 소스를 마늘과 함께 갈아 만든 간장소스에 절인 참치

**아게모노** 揚物 튀김
에비(새우), 이카(오징어), 고추 덴푸라

덴푸라의 대표격인 새우와 갑오징어 몸통 살로 만든 일본식 튀김

**아시라이** あしらい 곁들임
가쓰오다시 물과 설탕을 넣어 만 계란말이, 설탕에 졸인 금귤, 찐 단호박, 아마즈에 절여 기미스(계란 노른자에 설탕과 식초를 넣어 부드럽게 응고시킨 것)를 채운 연근, 소금과 아마즈에 절인 기쿠다이콘(국화모양 무), 간장에 졸인 긴피라(우엉 간장 졸임), 간장에 졸인 시이다케(표고버섯), 야마고보우(우엉절임)

**야키모노** 燒物 구이
돼지 목살 야키니쿠

야키니쿠 소스에 절인 돼지목살을 숯불에 구워 양파와 곁들인 구이

**니모노** 煮物 조림
우마니

연근, 우엉, 당근, 토란을 간장에 졸인 요리

**시노모노** 酢の物 초회
소프트셸크랩 난반즈케

껍질까지 부드러운, 튀긴 소프트셸크랩을 새콤달콤한 난반스에 담가 먹는 초회 형식의 난반즈케

가자미의 지느러미 살은 고단백의 콜라겐이 많아 피부미용에 좋다고 알려져 있다. 생으로 먹을 때는 넙치와는 다른 씹히는 맛이 뛰어나고 특유의 군더더기 없는 고소한 맛이 좋다.

나는 이시가레이 엔가와(돌가자미의 지느러미 살)를 토치를 이용해 살짝 구워 가쓰오부시를 넣어 만든 쓰유를 곁들였는데, 구운 지방의 풍미가 가자미의 고소함과 만나 더욱 매력적이다. 스시 카운터에서 오토시로 가장 인기 있는 유노추보만의 요리다.

# 이시가레이 엔가와 아부리

**돌가자미 지느러미 살 1쪽**
**라임 1개**
**대파 흰 부분 1개**
**실파 1뿌리**
**와사비 소량**

**쓰유**
**맛술 100ml**
**청주 100ml**
**양파 50ml**
**생강 1개**
**마늘 3개**
**가쓰오 분말 1Tbs**
**진간장 200ml**

01 돌가자미 지느러미 살을 굽는다.
  A 돌가자미 지느러미 살에 어슷하게 3mm 간격으로 2mm 깊이의 칼집을 넣는다. 10cm 길이로 3등분한다.
  B 돌가자미 지느러미 살을 철판 위에 올리고 토치를 이용해 표면을 살짝 굽는다. 이때 30% 정도만 익힌다.

02 진간장에 맛술, 청주, 얇게 썬 양파와 생강, 마늘, 가쓰오 분말을 넣고 부피가 절반이 되도록 졸인 후 체에 걸러 쓰유를 만든다.

03 접시에 담고 토핑한다.
  A 접시에 라임을 얇게 썰어놓고 그 위에 구운 돌가자미 지느러미 살을 둥글게 말아 올린다.
  B 그 위에 쓰유 1/2tsp과 라임즙을 고르게 뿌린다.
  C 송송 썬 실파와 와사비를 올리고 대파 흰 부분을 가늘게 채 썰어 170℃의 기름에 튀긴 다음 돌가자미 지느러미 살 위에 올린다.

치즈에 버무린 게살을 춘권피에 발라 구워 만든 가니 센베이는 맥주나 와인 안주로 제격이다. 게살 반죽을 바른 춘권피를 냉동고에 보관했다가 필요할 때마다 오븐에 구워 내면 바삭거리고 짭조름한 맛이 간식으로도 좋다.

# 가니 센베이

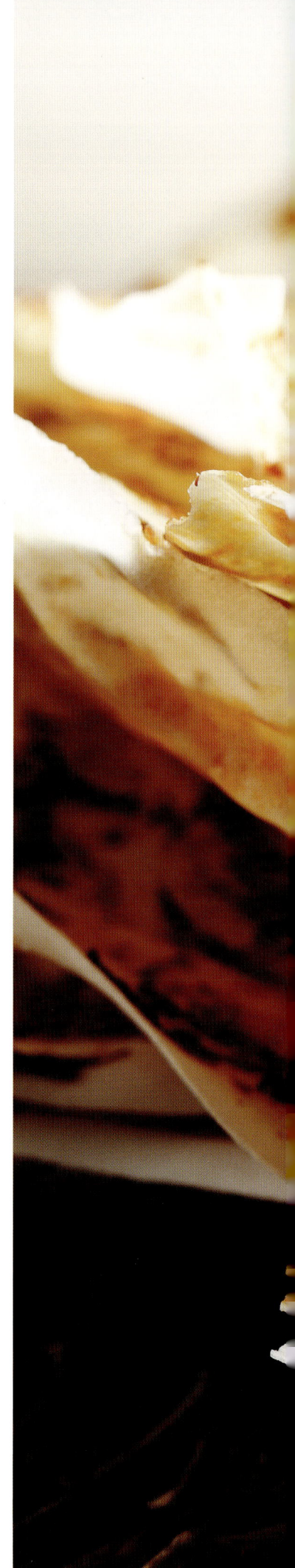

춘권피 4장
크림치즈 100g
게살 70g
마요네즈 2Tbs
빵가루 20g
진간장 1tsp
칠리 파우더 소량
소금 소량

01  오븐을 160℃로 예열한다.
02  크림치즈를 상온에 두거나 전자레인지에 가볍게 데워 말랑하게 만든다.
03  믹싱 볼에 게살 크림치즈, 마요네즈, 진간장, 소금, 빵가루, 칠리 파우더를 넣어 반죽한다.
04  춘권피를 작업대 위에 올리고 고무 스패튤러를 이용해 03의 반죽을 얇게 바른다.
05  춘권피를 예열된 오븐에 넣고 바삭할 때까지 굽는다.

게는 늦여름부터 가을에 걸쳐 뱀이나 매미가 허물을 벗는 것처럼 탈피를 한다. 탈피하기 전인 봄부터 초여름까지가 껍질 안에 살이 가득 차서 가장 맛이 좋다. 나는 크림치즈와 게살을 버무려 응고된 두유인 유바湯葉, ゆば로 말았는데 깔끔하고 깊은 맛이 술안주로 아주 좋다.

# 가니 치즈 유바 마키

유바 4장
두유 1컵
기노메 10개
크림치즈 100g
게살 70g
마요네즈 2Tbs
빵가루 20g
진간장 1tsp
소금 소량
칠리 파우더 소량

01 크림치즈를 상온에 두거나 전자레인지에 가볍게 데워 말랑하게 만든다.
02 믹싱 볼에 크림치즈, 게살, 마요네즈, 진간장, 소금, 빵가루, 소금, 칠리 파우더를 넣어 반죽한다.
03 마른 유바를 두유에 담가 불린다.
04 02의 반죽을 손가락 굵기로 5cm 길이로 만든 다음 기노메를 올리고 불린 유바로 말아 완성한다.

어란은 간편하고 깔끔한 안주이지만, 시간과 정성이 없으면 만들 수 없다. '보리 이삭이 익어갈 때 개도 안 먹는다'는 숭어는 비록 살은 푸석거리지만 꽉 들어찬 알은 어란 중의 최고로 친다. 어란을 만들 때는 봄철에 나오는 알의 입자가 곱고 껍질이 얇은 숭어나 민어의 알이 적당하다.

# 가라스미

숭어 알 4개(또는 민어 알)
꽃소금 3kg
진간장 1ℓ
맛술 1ℓ
청주 1ℓ
설탕 1kg
참기름 300㎖
어린 잎 소량
무 100g

01 숭어나 민어를 손질해 알을 꺼낸다.
   A 알을 절대로 터지지 않도록 조심스럽게 꺼내서 핏줄이나 이물질을 제거하고 흐르는 물에 씻는다.
   B 조리용 실을 이용해 알의 끝을 묶는다.
02 알을 소금에 절인다.
   A 큰 통에 꽃소금을 10cm 두께로 담는다. 알을 겹치지 않도록 조심스럽게 담고 다시 10cm 두께로 소금을 덮는다.
   B 무거운 벽돌로 눌러 열흘 이상 절인다. 알이 단단해질 때까지 소금에 절인다.
03 알을 소금에서 꺼내어 맑은 물에 담가서 말랑해질 때까지 간을 뺀다.

04   진간장, 청주, 설탕, 맛술을 동량으로 넣고 끓인 다음 식힌 소스에 알을 담근 후 하루를 보관한다. 짙은 갈색이 될 때까지 소스에 절인다.

05   04를 참기름으로 절여 어란을 완성한다.
    A  큰 쟁반에 나무종이를 깔고 그 위에 알을 놓은 후 냉암소에서 뒤집어가며 하루를 보관한다.
    B  알의 표면이 살짝 마르면 참기름을 바른다. 하루에 두세 번 뒤집어가며 바른다.
    C  일주일 이상 정성을 들여 참기름을 바르면 알이 단단해진다.

06   어란과 무를 2mm 두께로 얇게 썰어 접시에 담고 어린 잎을 곁들인다.

넙치와 더불어 가자미류 중에 가장 사랑받는 횟감이 돌가자미다. 돌가자미는 먼바다에서 잡히는 귀한 생선이지만, 사실은 봄철에 가장 친숙하다. 횟집이나 수산시장에서 '도다리'라고 부르는 것들이 바로 돌가자미다. 일반적으로 뼈까지 썰어 먹는 회를 새꼬시라고 부르지만, 나는 석 장 뜨기를 한 다음 가는 뼈만 따로 다져 쌈장에 넣었다. 뼈에서 느껴지는 고소함이 회의 맛을 특별하게 만든다.

# 이시가레이 새꼬시

돌가자미 1마리
깻잎 3장
마늘 1개
고추 1/2개
쌈장 1Tbs
참기름 1tsp
대파 흰 부분 1개
시소 3장

01  돌가자미를 석 장 뜨기해서 껍질을 벗긴다.
02  돌가자미 살은 3cm 길이로 얇게 썰고, 지느러미 살의 가는 뼈는 잘게 다져 쌈장에 섞는다.
03  대파의 흰 부분과 시소는 가늘게 채 썬다. 마늘은 얇게 썰고, 고추는 얇게 원형으로 썬다.
04  접시에 깻잎을 놓고 채 썬 시소와 마늘, 고추와 돌가자미 살을 차례로 담는다. 참기름을 뿌리고 쌈장을 올린 다음, 채 썬 대파를 올려 마무리한다.

나는 문어를 삶을 때 정성을 많이 쏟는데, 그 이유는 삶는 방법에 따라 식감이나 맛의 차이가 크기 때문이다. 셰프에 따라 방법이 다르지만, 나는 3kg 정도의 문어를 소금으로 문질러 흐르는 물에 헹군 다음 끓는 녹찻물에 삶는다. 삶는 시간은 문어의 크기에 따라 다른데 다리 윗부분에 칼집을 넣었을 때 절반 정도 익으면 건져서 그대로 식힌다. 이렇게 하면 문어의 비린 맛이 없어지고 표면이 단단해져서 씹는 맛이 좋고 깊은 단맛을 느낄 수 있다.

## 발사믹 드레싱을 곁들인 다코 샐러드

**문어 다리 끝 부분 5개**
**루콜라 25g**
**빨간 파프리카 소량**
**베이컨 1장**
**양파 20g**
**올리브오일 3Tbs**
**발사믹 리덕션 1Tbs** (341p 참조)
**레몬 1/2개**
**녹차 2Tbs**
**소금 소량**
**후춧가루 소량**

01  문어를 손질해 삶는다.
  A  문어는 몸통을 뒤집어 내장을 제거하고 굵은 소금으로 문질러 씻는다.
  B  문어를 소금물에 담가 30분간 둔다.
  C  냄비에 녹차를 넣고 끓인 다음, 문어를 넣고 삶는다.
  D  문어의 다리 윗부분을 잘랐을 때 절반 정도 익으면 건져 상온에서 식힌다.
02  루콜라를 손질해 7cm 길이로 자른다. 파프리카와 레몬 껍질은 채 썬다.
03  소스를 준비한다.
  A  베이컨을 1cm 크기로 잘라 팬에 기름을 두르고 튀기듯이 굽는다. 양파는 0.7cm 크기의 정사각형 모양으로 썰어 준비한다.
  B  그릇에 베이컨과 양파를 담고 올리브오일을 재료가 잠길 정도로 부은 뒤 소금과 후춧가루를 넣는다.
04  접시에 발사믹 리덕션으로 모양을 내고 그 위에 루콜라와 문어 다리 끝 부분을 잘라 담는다.
05  소스를 고르게 뿌리고 채 썬 파프리카와 레몬 껍질을 자연스럽게 담는다.

세비체는 살짝 데친 해산물에 산도가 높은 과일즙을 넣어 버무린 페루의 전통요리로, 지금은 멕시코, 파나마, 에콰도르 등 남미 전역에서 만들어 먹는다. 라임즙이나 레몬즙에 해산물을 삭혀서 숙성시키는 과정이 우리나라의 김치를 떠올리게 한다. 김치처럼 남미에서 끼니 때마다 항상 먹는 요리이다.

# 세비체

갑오징어 몸통 살 80g
중하새우 3마리
주꾸미 2마리
홍합 3개
레몬즙 2Tbs
프레시 모차렐라 치즈 1/2개
삼색 파프리카 소량
토마토 1/2개
딜 1줄기
연어 3쪽
양파 30g
오이 30g
아마즈 1컵
가쓰오부시 1컵
세비체 소스 100ml (344p 참조)

**해산물 데침 재료**
통후춧가루 1/2Tbs
월계수 잎 2장
레몬 1/2개
양파 100g
물 1L

01 해산물을 손질해 데친다.
   A 갑오징어 몸통 살과 주꾸미는 먹기 좋게 한입 크기로 자른다.
   B 중하새우는 껍질을 벗기고 등 쪽에 칼집을 넣는다.
   C 홍합은 껍데기에 붙은 지저분한 것들을 떼어낸다.
   D 냄비에 물 1l와 통후춧가루 1/2Tbs, 월계수 잎 2장, 레몬 1/2개, 양파 100g을 넣고 소금으로 간을 맞춰 끓인 다음, 손질한 해산물을 넣고 데쳐서 상온에서 식힌다.
02 믹싱 볼에 데친 해산물과 연어를 담고 레몬즙 2Tbs에 버무려 차게 보관한다.
03 토마토는 데쳐서 껍질을 벗겨 2cm 크기의 사각으로 썰고 양파는 얇게 슬라이스한다. 오이는 얇게 썰어 가쓰오부시와 버무려 아마즈에 담가 맛이 배도록 한다. 파프리카와 프레시 모차렐라는 2cm 크기의 사각으로 자른다.
04 믹싱 볼에 해산물과 채소, 세비체 소스를 모두 넣고 버무려 접시에 담는다. 딜을 곁들인다.

어느 기사에서 이탈리아 사람들은 모차렐라를 동양의 두부처럼 먹는다는 글을 읽고, 일본의 대표적인 전채요리인 아게다시 도후에 프레시 모차렐라를 함께 튀겨서 넣어보았다. 부드러운 두부와 쫄깃한 모차렐라가 간장소스와 잘 어울려 고객들로부터 좋은 반응을 얻고 있다.

# 아게다시 치즈 도후

**두부 1/2모**
**프레시 모차렐라 치즈 1/2개**
**하나가쓰오부시 소량**
**실파 1뿌리**
**겨자 소량**
**감자전분 1컵**
**무 100g**

**튀김 반죽**
튀김가루 1/2컵
감자전분 1컵
레몬 1/2개
계란 2개
물 1L

**다시 국물**
물 1L
가쓰오부시 1컵
국간장 1Tbs
진간장 1Tbs
맛술 1.5Tbs
청주 1.5Tbs
소금 2tsp
꽈리고추 3개
대파 흰 부분 1개

01  두부 반 모와 프레시 모차렐라 치즈를 4등분한다.
02  두부에 마른 감자전분을 고르게 묻혀서 1분간 상온에 두었다가 175°C의 기름에 튀긴다.
03  감자전분과 튀김가루를 동량으로 섞는다. 물 1l에 계란 노른자 2개, 레몬 1/2개를 넣어 만든 계란 물 500ml에 감자전분과 섞은 튀김가루 600ml를 넣어 반죽한다. 프레시 모차렐라에 마른 감자전분을 고르게 묻히고 반죽을 입혀 175°C의 기름에 튀긴다.
04  다시 국물을 만든다.
    A  물 1l를 끓인 다음 가쓰오부시 1컵을 넣고 15분간 식힌다.
    B  가쓰오부시를 가라앉힌 다음, 윗물 200ml를 떠서 냄비에 담고 국간장, 진간장, 맛술, 청주, 소금, 꽈리고추, 대파 흰 부분을 어슷 썰어 넣고 끓인다.
05  무를 강판에 갈아 찬물에 헹군 다음 물기를 짜둔다.
06  대접에 튀긴 두부와 프레시 모차렐라를 담고 다시 국물을 붓는다.
07  간 무와 겨자를 곁들이고, 하나가쓰오부시와 송송 썬 실파를 뿌린다.

민어는 맛과 영양은 물론이고 양까지 푸짐한, 서민들에겐 그야말로 금상첨화인 생선이어서 '백성의 고기民魚'라는 이름이 붙었다고 한다. 담백한 맛에 비린내가 적어 '살아생전 먹지 못하면 죽어서라도 먹는다'고 해서 제사상에도 올린다.
초여름 민어의 부드럽고 기름진 맛은 입안에서 살살 녹는다는 표현 그대로다. 민어를 프로세서에 갈아 스리미(다져서 으깬 어육)를 만들고 쑥을 섞었는데 부드러운 민어와 쑥의 향이 잘 어울렸다. 거친 매운탕보다는 은은한 된장국에 완자로 만든 민어를 넣어 끓였다.

# 니베 쑥국

**민어 스리미**
민어 몸통 500g
손질한 쑥 2컵
칡전분 소량
계란 1개
설탕 소량
마요네즈 1Tbs
백후춧가루 소량

**국물용 재료**
민어 뼈
물 2L
생강 1개
대파 2뿌리
기노메 1개
시로미소 100g
청주 20ml
맛술 20ml
감자전분 소량

기노메 1장

01 민어의 비늘을 벗기고 내장을 제거한다. 석 장 뜨기해서 살과 뼈를 분리한다.
02 민어 살과 쑥을 이용해 스리미를 만든다.
   A 민어 살을 깨끗하게 씻어 잘게 다진다. 소금을 넣고 프로세서에 찰기가 생길 때까지 간다. 찰기가 생기면 손질한 쑥을 넣고 다시 갈아 쑥이 덩어리지지 않게 한다.
   B 민어 살을 믹싱 볼에 담고 공기와 닿지 않도록 비닐을 덮어 3~4시간 정도 냉장고에서 숙성시킨다.
   C 숙성된 반죽에 칡전분, 계란, 설탕, 백후춧가루, 마요네즈를 넣고 잘 치댄다.
03 냄비에 물 2L를 붓고 민어의 뼈를 넣은 다음 생강, 대파의 뿌리와 파란 부분을 넣고 살이 풀어질 때까지 끓인다.
04 체를 이용해 모두 건져내고, 시로미소 100g을 풀고 스리미, 청주, 맛술을 넣는다. 스리미가 익을 때까지 끓인 뒤 식힌다.
05 04의 미소시루가 완전히 식으면 윗부분의 맑은 부분만 퍼내서 대파의 흰 부분을 어슷하게 썰어 넣고 끓이면서 물 전분을 풀어 농도를 만들어준다.
06 대접에 전분을 푼 미소시루를 붓고 스리미를 넣고 기노메를 띄운다.

이와가키는 잘 알려져 있지는 않지만 섬진강 하구에서 나온다는 벚굴을 말한다. 마가키(참굴)은 겨울이 제철이지만, 이와가키는 벚꽃 필 무렵이 제철이다. 7~10월이 산란기어서 떫은맛이 나기 때문에 산란기 전인 봄철에 가장 물이 올라 맛이 좋다. 두꺼운 껍질을 벗기면 살이 꽉 찬 벚굴이 들어 있는데, 겨울철 굴보다 상쾌한 갯내음이 좋아 절반만 구워서 사이교미소를 곁들였다.

## 사이교 미소를 곁들인 이와가키 야키

벚굴 3개
라임 1/2개
사이교 미소 1Tbs
소금 소량
기노메 10장

01  망치로 두드려 두꺼운 쪽(윗쪽) 껍질을 깬다.
02  숟가락을 뒤집어 굴을 떼어낸 다음 염도 3.5%의 차가운 소금물에 살랑살랑 흔들어 굴에 붙어 있는 파편을 모두 제거한다.
03  석쇠에 굴을 껍질째 올려 가스레인지의 약한 불로 굽는다. 굴에서 육즙이 빠져나오면 사이교 미소를 조금 올리고 라임즙을 뿌려 완성한다. 기노메를 올려 장식한다.

문어는 지능이 높다고 여겨져서 이름에 '글월문(文)'자가 붙었다. 큼직한 머리가 달리고, 위기에서 탈출하려고 뿜어대는 먹물이 글깨나 읽는 지식인들의 상징인 먹물로 간주됐기 때문이다. 그런데 우리가 잘못 알고 있는 것 중 하나가 바로 문어 머리의 위치이다. 사실 민둥하고 둥그스름한 부위는 머리가 아니라 몸통이다. 문어를 요리하다보면 몸통의 쓰임새가 다리에 비해 떨어지기 때문에 몸통을 잘게 썰어 고로케를 만들었다.

# 다코 고로케

문어 몸통 150g
쇠고기 다짐육 100g
감자 1개
베이컨 2줄
소금 소량
후춧가루 소량
빵가루 1컵
계란 2개
밀가루 1/2컵
토마토 1개

**토마토 마리네이드 소스**
올리브오일 250ml
발사믹 비네거 250ml
다진 마늘 50g
황설탕 50g
바질 잎 15장

01  토마토를 마리네이드한다.
   A  토마토를 1cm 두께의 원형으로 자른다.
   B  믹싱 볼에 올리브오일, 발사믹 비네거, 다진 마늘, 채 썬 바질 잎, 황설탕을 넣고 잘 섞는다.
   C  토마토를 B의 소스에 담가 하룻밤 이상 절인다.
02  문어를 손질해 삶는다.
   A  문어는 몸통을 뒤집어 내장을 제거하고 굵은 소금으로 문질러 씻는다.
   B  문어를 소금물에 담가 30분간 둔다.
   C  냄비에 녹차를 넣고 끓인 다음 문어를 넣고 삶는다.
   D  문어의 다리 윗부분을 잘랐을 때 절반 정도 익으면 건져 상온에서 식힌다.
03  베이컨은 1cm 크기로 썰어 팬에 기름을 넉넉하게 두르고 약한 온도로 튀기듯이 볶는다.
04  감자를 삶아 껍질을 벗기고 거칠게 으깬다.
05  팬에 기름을 두르고 쇠고기 다짐육을 볶는다. 여기에 문어 몸통을 잘게 썰어 넣고 소금과 후춧가루로 간을 한 다음 믹싱 볼에 담는다.
06  믹싱 볼에 베이컨과 으깬 감자를 넣고 생크림을 붓고 소금과 후춧가루로 밑간을 한 다음 찰기가 생길 때까지 바닥이 두꺼운 팬에 볶는다.
07  손으로 주물러 모양을 만든 다음 밀가루, 계란, 빵가루 순으로 입혀 165°C의 기름에 튀긴다.
08  마리네이드한 토마토와 고로케를 절반으로 잘라 반원 형태로 만들어 겹겹이 세워 완성한다.

봄이 제철인 병어는 담백하고 부드러운 맛이 일품이지만, 특별한 개성이 없어 미소나 간장에 절여 구이를 하거나 조림으로 많이 먹는다. 일본의 간장조림은 단맛이 강해서 우리나라 사람들 입맛에 잘 맞지 않고 쉽게 질리는 단점이 있는데, 이를 보완해서 병어 조림을 만들어보았다. 설탕 대신 유자청을 넣어 졸이고 청양고추를 갈아 만든 살사 베르데를 곁들였다.

## 마나가쓰오 유자조림과 살사 베르데

병어 1마리
꽈리고추 2개
순무 1/2개
푸아그라 60g
살사 베르데 1Tbs (343p 참조)
밀가루 소량

**순무 양념**
진간장 1Tbs
맛술 1Tbs
청주 1Tbs
가쓰오부시 1컵
물 1L

**병어 양념**
진간장 100ml
맛술 100ml
청주 100ml
유자청 150g

01  병어의 머리와 꼬리, 내장을 제거하고 양쪽에 칼집을 넣는다.
02  순무를 재단해 삶는다.
　　A  물 1l를 끓인 다음 가쓰오부시 1컵을 넣고 15분간 식힌다.
　　B  가쓰오부시를 체에 걸러낸다. 진간장, 맛술, 청주를 조금씩 넣고 끓인다.
　　C  순무를 웨지 모양으로 자르고 끓는 육수에 넣고 익힌다.
03  냄비에 병어를 담고 진간장, 유자청, 맛술, 청주를 넣고 끓인다. 10분 정도 중불에 졸인 다음 순무와 꽈리고추를 넣어 조금 더 끓인다.
04  0.7cm 두께로 자른 푸아그라에 마른 밀가루를 바르고 팬에 굽는다.
05  접시 중앙에 살사 베르데를 1Tbs 놓고 그 위에 병어를 올린다.
06  접시의 가장자리에 순무와 푸아그라, 꽈리고추를 담는다.

홍살치는 깊은 바다에 사는 흰살생선으로 우리나라의 동해와 일본의 홋카이도, 러시아의 사할린 쪽에서 서식한다. 깊은 바다에 사는 생선이라서 기름지고 부드러운 정도가 흰살생선 중에 최고로 꼽힌다. 홋카이도에서는 제주도의 옥돔처럼 등에 칼집을 넣어 생선을 넓게 펴서 소금에 살짝 절인 다음 반건조해서 구이로 사용한다.

# 긴키 야키와 포트와인 소스

**반건조 홍살치 1마리**
**포트와인 소스 150ml** (351p 참조)
**벌집 1개**

01  반건조 홍살치를 그릴에 굽는다. 살쪽을 먼저 굽고 뒤집어 껍질을 굽는다.
02  팬에 포트와인 소스를 담고 구운 홍살치를 넣어 살짝 끓인다.
03  홍살치를 부서지지 않도록 조심스럽게 접시에 담는다.
04  완전히 마르지 않은 벌집을 홍살치 옆에 곁들이고 뜨거운 포트와인 소스를 벌집에 부어 달콤한 꿀이 흘러나오게 한다.

데리야키 소스를 이용해 만든 소스에 함박 스테이크를 졸여 만들었다. 함박 스테이크 사이에는 프레시 모차렐라와 발사믹 비네거에 절인 토마토를 곁들여 층층이 쌓아 올렸는데 재미있는 모양과 색다른 맛으로 오랫동안 유노추보의 베스트 메뉴로 판매되고 있다.

# 유노추보 스타일의 함박 스테이크

**함박 패티 반죽**
쇠고기 다짐육 300g
돼지고기 다짐육 400g
소금 1tsp
설탕 2tsp
다진 마늘 20g
후춧가루 1/4tsp
너트메그 1/3tsp
계란 1개
청주 2Tbs
전분 40g
빵가루 120g
참기름 1tsp
굴소스 1Tbs
양파 160g
대파 110g

**토마토 마리네이드 소스**
올리브오일 250ml
발사믹 비네거 250ml
황설탕 50g
다진 마늘 50g
바질 잎 15장
프레시 모차렐라 30g
양파 30g
영소스 1Tbs (347p 참조)
실파 1개
데리야키 스테이크 소스 75ml (338p 참조)

**구아카몰**
아보카도 1개
토마토 1개
양파 1개
소금 소량

01 양파와 대파를 다지고 패티 반죽 재료들을 믹싱 볼에 담아 치대어 반죽한다. 130g씩 떼어 원형으로 만든다.
02 토마토는 칼집을 넣어 끓는 물에 데쳐서 껍질을 벗기고 1cm 두께로 잘라 토마토 마리네이드 소스에 담가 하룻밤 재운다.
03 구아카몰을 만든다.
   A 잘 익은 아보카도 1개를 껍질과 씨를 제거하고 절구에 으깬다.
   B 살짝 구워 껍질을 벗긴 토마토와 양파를 5mm 크기의 정육면체로 썰어 절구에 넣는다.
   C 절구에 소금을 조금 넣고 잘 비벼준다.
04 함박 패티를 굽다가 소스에 졸인다.
   A 팬에 기름을 두르고 함박 패티 2장을 그릴 자국이 남을 정도로 뒤집어가며 굽는다.
   B 데리야키 스테이크 소스와 물 200ml를 붓고 중불로 졸인다.
05 접시에 토마토와 그 위에 함박 패티를 놓고 프레시 모차렐라를 3mm 두께로 잘라 2장 올린다. 다시 함박 패티와 토마토를 올린다. 대나무 꼬치를 꽂아 넘어지지 않도록 고정한다.
06 얇게 썰어 찬물에 헹군 양파를 맨 위에 올리고 영소스와 송송 썬 실파를 뿌린다.
07 함박 스테이크 옆에 구아카몰을 곁들인다.

중국의 동파육과 우리나라의 수육, 일본의 차슈는 비슷한 방식으로 만드는 돼지 삼겹살 요리로, 그 기원은 중국의 시인 소동파에게서 찾을 수 있다. 백성들이 어진 관리인 소동파에게 감사의 선물로 그가 좋아하던 돼지고기를 바치자, 소동파는 술과 여러 가지 채소를 넣고 돼지고기를 삶아서 다시 백성들을 위한 잔치를 베풀었다고 한다.
가쿠니는 깍두기처럼 사각으로 썰어 삶는 요리를 말하는데, 나는 삼겹살을 한 번 튀기고, 두 번 삶아 기름을 빼고 레드어니언 마멀레이드를 곁들여 느끼한 맛을 줄였다.

# 부타 가쿠니

**차슈**
통삼겹살 3kg
대파 150g
양파 360g
마늘 75g
생강 80g
레몬 1개
통후추 30g
물 5L
굴소스 100ml
진간장 500ml
맛술 500ml
설탕 200g
청주 200ml
새송이버섯 1/2개
표고버섯 1개
레드어니언 마멀레이드 1Tbs (339p 참조)
데리야키 와인 소스 50ml (346p 참조)
처빌 소량
타임 소량
소금, 버터, 후춧가루 소량

01  통삼겹살을 잘라 끓는 물에 넣고 5분간 삶는다.
02  삼겹살에 진간장을 바르고 160℃의 기름에 튀긴다. 표면이 단단해지면 건져서 식힌다.
03  삼겹살을 삶는다.
    A  큰 냄비에 물 5l를 붓고 대파, 양파, 마늘, 생강, 레몬, 통후춧가루, 굴소스, 진간장, 맛술, 설탕을 넣고 30분간 끓인다.
    B  삼겹살을 넣고 30분간 끓이고 청주를 붓고 5분간 더 끓인 다음 삼겹살을 건져낸다.
    C  삼겹살이 완전히 식으면 건더기를 건져낸 육수에 다시 담가 보관한다.
    D  사용할 때마다 적당량의 국물과 함께 삼겹살을 끓여 데운다.
04  토핑을 만든다.
    A  새송이버섯, 표고버섯을 0.7cm 크기의 사각으로 썰어 기름을 살짝 두른 팬에 소금, 후춧가루, 청주, 버터를 넣고 볶아 식힌다.
    B  레드어니언 마멀레이드를 잘게 썰어 볶은 버섯과 섞는다.
05  접시에 데운 삼겹살을 담고 데리야키 와인 소스를 걸죽하게 졸여 삼겹살 위에 뿌린다.
06  토핑을 올리고 그 위에 처빌을 올린다. 타임을 뜯어 삼겹살에 붙인다.

그레나딘 시럽 : 석류를 원료로 사용한 붉은색 시럽, 단맛을 더 내기 위해 칵테일 부재료로 많이 사용한다.

초여름에 먹는 흰돗대기새우는 은은한 단맛과 시원한 맛이 일품이다. 보통은 초밥으로 많이 먹지만, 나는 폰즈를 곁들여 초회를 만들었다. 새우의 시원한 단맛과 초회의 새콤한 맛이 잘 어울리는 요리다.

## 시로에비 스노모노

**시로에비 90g**
**오이 50g**
**아마즈 1컵**
**가쓰오부시 1/2컵**
**폰즈 100ml**
**무 50g**
**미역 소량**
**고춧가루 소량**
**시로이타곤부 1장**

01  미역은 불려 잘게 썰고, 무는 강판에 갈아 체에 걸러 찬물에 헹구고 고춧가루를 섞어 모미지오로시*를 만든다.
02  오이는 얇게 썰어 오이와 동량의 가쓰오부시에 버무려 아마즈에 담가 재운다.
03  깔때기 안쪽에 랩을 붙이고 모미지오로시를 안쪽에 담고 시로에비를 담아 냉장고에 보관한다.
04  시로이타곤부를 깨끗한 행주로 닦아 접시의 바닥에 깔고 절인 오이, 미역을 놓고 냉장고에 보관한 시로에비를 올린다.
05  폰즈를 붓는다.

모미지오로시紅葉下ろし : 일반적으로 붉은 색을 내기 위해 강판에 간 무에 고춧가루를 섞어 만든다.

야행성인 게는 천적이 많아서 환하게 보름달이 뜰 때는 며칠을 굶으며 숨어 지낸다. 그렇기 때문에 잘 잡히지도 않고, 잡힌다고 해도 살이 무르다.
간장게장 지라시는 알과 살이 잘 오른 꽃게로 간장게장을 담가 밥과 비벼먹는 요리이다. 집에서도 쉽게 만들 수 있지만, 너무 짜지 않게 담근 게장이 중요한 포인트라서 책에 싣게 되었다.

# 간장게장 지라시

**간장게장**
꽃게 5마리
진간장 1300ml
물 1500ml
청주 180ml
맛술 360ml
설탕 300g
양파 100g
대파 2개
마늘 12개
생강 3개
고추 5개

밥 300g
실파 5개
실고추 소량
참기름 소량

01   꽃게의 배꼽을 떼어내고 등껍질을 벌려 아가미를 제거한다. 깨끗하게 씻어 물기가 빠지도록 소쿠리에 담아둔다.
02   게장용 간장을 끓인다.
　　A   진간장, 맛술, 청주, 설탕, 물을 넣어 끓인다.
　　B   대파와 양파는 길게 썰고 고추는 어슷하게 자른다. 마늘은 반으로 자르고 생강은 얇게 썰어 끓는 간장에 넣고 불을 끈다.
03   간장이 완전히 식으면 꽃게를 담가 4일간 절인다.
04   꽃게에 간장 맛이 잘 배면 살을 발라낸다.
05   꽃게의 등껍질에 밥을 담고 그 위에 게살과 송송 썬 실파를 올린다. 참기름을 뿌리고 실고추를 올린다.

7〜8月

# 여름 스시

### 이사키 イサキ
벤자리는 비린 맛과는 다른 독특한 상쾌함이 있다. 제철인 초여름에 지방이 제대로 올라 부드럽고 고소한 맛이 좋고, 뽀얀 연분홍 살이 눈과 입을 즐겁게 한다.

### 이시다이 イシダイ
낚시꾼들에게 최고의 경지로 여겨지며 동경의 대상이 되는 것이 돌돔이라고 한다. 분홍색에 흰 줄무늬가 있는 돌돔의 살은 담백하면서 쫄깃하다. 씹을수록 감칠맛이 은은하게 올라오는데 샤리(초밥에 사용되는 밥)와 궁합을 맞추기 위해 얇게 썰어서 초밥을 만들었다.

### 아라 アラ
다금바리라고 부르는 고급생선이다. 비린 맛이 전혀 없으며 은은한 단맛과 쫄깃한 맛이 매우 훌륭하다. 이 초밥은 다금바리를 24시간 숙성시켜 만드는데 은은한 단맛, 고소함과 함께 깊이 있는 감칠맛까지 느껴져서 먹고 난 뒤의 여운까지도 매력적이다.

### 스즈키 スズキ
한여름을 대표하는 생선인 농어는 생기 있고 탄력 있는 살이 특징이다. 부드러운 맛이 좋고 비린 맛이 전혀 없다. 일본에서는 한창 맛이 오르고 지방 함량도 높아진 농어를 먹지 않으면 여름이 지나가지 않는다는 말이 있을 정도다.

### 스즈메다이 スズメダイ
자리돔은 껍질을 벗기지 않고 아마즈에 10분간 절인 다음 깨끗한 행주로 물기를 닦는다. 껍질에 잘게 칼집을 넣어 초밥을 쥐었는데 상큼하고 고소한 맛을 느낄 수 있다.

### 시마아지 しまあじ
줄무늬전갱이는 전갱이과 생선 중 가장 맛이 좋아서 여름철 초밥이나 회에 빠지지 않는 고급 생선이다. 비린 맛이 전혀 없고, 씹으면 상쾌한 맛과 함께 고소한 맛이 강하게 입안에 퍼진다. 씹는 맛 또한 훌륭하고 초밥을 만들어 먹으면 밥과 함께 부드러운 지방의 맛이 혀에 스며든다.

### 다코 たこ
피문어는 겨울에 제격이지만, 문어는 6월부터 8월까지가 좋다. 나는 3kg 정도 되는 것을 가장 선호하는데 내장을 제거하고 소금으로 세게 문질러 씻은 후 녹차를 넣고 끓인 물에 절반만 삶아 사용한다. 무와 식초 등을 사용해서 문어를 부드럽게 만드는 셰프들이 많지만, 내가 생각하는 이상적인 문어초밥은 표면을 단단하게 삶아 씹는 맛을 충분히 느끼게 해주는 것이다. 초밥과 어우러진 문어는 씹을 때 미묘한 단맛과 상쾌함을 전해준다. 간장보다는 따로 만든 쓰메소스(일반적으로 조개육수에 간장, 청주, 맛술, 설탕을 넣고 졸인 것)를 발라 단맛을 강조했다.

시로에비

**아나고** あなご
붕장어를 뼈를 제거하고 끓는 물에 데쳐 뻣뻣하게 만든 다음 지느러미와 잔뼈를 잘라내고 간장, 맛술, 청주, 설탕을 넣은 소스에 넣고 졸여서 초밥을 만들었다. 붕장어는 다른 장어에 비해 담백한 맛이 좋고, 소스에 졸여 만들어서 구운 것보다 부드럽고 달콤하다.

**우나기** うなぎ
뼈를 제거한 민물장어를 소주로 씻은 다음 어소기(생선구이기)에 굽는다. 그리고 뜨거울 때 얼음물에 담가서 장어 표면의 기름을 빼고 찜통에서 20분간 찐다. 주문이 들어올 때마다 우나기데리(장어 데리야키 소스)를 발라 구워서 초밥을 만들었다. 굽고 찌고 다시 굽는 과정을 통해 기름진 맛을 최대한 빼낸 민물장어 초밥은 장어초밥 중에서도 가장 고소하고 풍부한 맛을 낸다.

**아오리이카** アオリイカ
봄철부터 여름까지 제철인 흰오징어는 오징어 중에서도 가장 고급으로 분류된다. 오징어의 끈적이거나 물컹거리는 식감 때문에 오징어초밥을 싫어하는 사람도 있는데 흰오징어의 살은 단단하고 탄력이 있어 씹는 식감이 매우 좋다. 또 다른 오징어와 비교해 단맛과 감칠맛도 뛰어나다.

**사자에** サザエ
소라는 대부분 찜통에 찌거나 압력밥솥에 삶아 초밥을 만드는데, 이 초밥은 껍질을 망치로 부숴 살을 꺼내고 두툼하게 썰어 칼집을 넣어 만들었다. 아삭거리는 씹는 맛과 촉촉하고 담백하면서 부드러운 단맛, 그윽한 향이 매력적이다. 오히려 삶아 만든 것이 더 단단하고 뻣뻣하다.

**하모** はも
갯장어는 장어 중에서도 가장 고급에 속하며 크기도 크다. 초밥을 만들 때는 가운데 뼈를 빼고 살 쪽으로 3mm 깊이로 촘촘하게 칼집을 넣어 찬 얼음물에 씻는다. 그리고 갯장어의 살이 새하얀 뭉게구름처럼 부풀면 끓는 물에 데쳐낸다. 우메보시를 올려 만든 갯장어초밥은 깊은 고소함과 단맛이 있다.

**아지** アジ
여름이 제철인 전갱이는 초절임을 하기도 한다. 유노추보에서는 제주도나 남해안에서 잡은 살아 있는 전갱이를 사용하기 때문에 생으로 초밥을 만든다. 촉촉한 지방이 가득 찬 전갱이의 살은 갈아 올린 생강의 향과 부드러운 지방의 맛이 어우러져 여름철 최고의 초밥이라 할만하다.

**아와비** アワビ
전복은 날것으로 초밥을 만들면 단단한 살 때문에 입에 넣었을 때 밥알과 전복이 섞이지 않는다. 나는 깨끗하게 씻은 전복을 껍질째 찜통에 넣고 2시간을 찐 다음 청주와 간장을 뿌려 2시간을 더 찐다. 크기가 아주 큰 것들은 연한 가쓰오다시 물에 청주와 간장, 맛술을 섞어 붓고 압력밥솥에서 40분간 찐다.

**시로에비**
새우는 대부분 겨울이 제철이지만, 국내에서 구하기 어려운 흰돗대기새우는 초여름이 제철이다. 흰돗대기새우를 초밥 위에 뭉쳐 만들었는데, 시원하고 은은한 단맛과 먹고 나서 입안에 남는 쓴맛이 매력적이다.

갯장어는 붕장어와 닮았지만 주둥이가 길고 뾰족한 것이 다르다. 갯장어의 가장 큰 특징은 억세고 긴 송곳니를 비롯해 날카로운 이빨이 있다는 것이다. 때로 뭍에 건져놓은 갯장어가 사람에게 달려들어 물어뜯기도 하는데, '하모'라는 이름도 '먹다'라는 뜻의 일본어 '하무'에서 유래됐다. 이 요리에 사용한 우메보시는 일본 와카야마현에서 구매한 기슈 우메보시로, 다른 우메보시에 비해 염도와 산도가 낮고 단맛과 깔끔한 맛이 강해 갯장어의 고소한 맛과 잘 어울린다. 유비키는 재료를 끓는 물에 살짝 데치는 방법이다.

# 하모 유비키

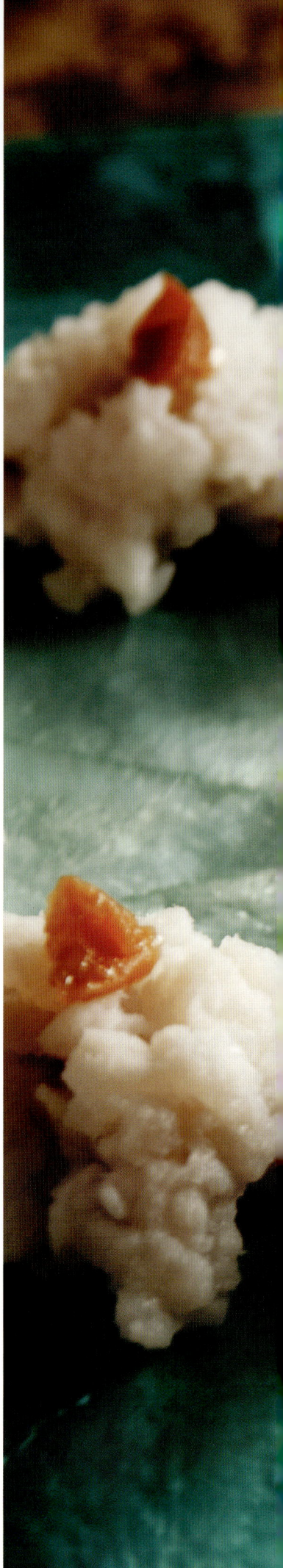

**갯장어 1마리**
**기슈 우메보시 2개**

01  갯장어를 손질한다.
    A 살아 있는 갯장어의 머리를 고정시키고 목부터 꼬리까지 배 쪽으로 가른다.
    B 내장과 가운데 굵은 뼈를 제거하고 살에 피가 배지 않도록 흐르는 물에 깨끗하게 씻는다.
02  갯장어 살에 3mm 깊이로 촘촘히 칼집을 넣고 지방이 빠지면서 살이 부풀 때까지 찬 얼음물에 씻은 다음 6cm 길이로 자른다.
03  갯장어를 끓는 소금물에 데친다. 이때 너무 많이 익히면 살이 퍽퍽해지므로 70~80% 정도만 익힌다.
04  갯장어를 접시에 놓고 그 위에 씨를 제거한 우메보시 과육을 올린다.

쿠바의 대표적인 칵테일인 모히토를 변형해서 우니 모히토를 만들어보았다. 바카디를 대신해 청매실주와 탄산수에 라임즙을 더했는데 달콤하고 상큼한 청매실 모히토와 고소하고 은은한 성게 알이 잘 어울린다. 모양과 맛이 좋아 분위기 좋은 연인들에게 서비스로 내주는 요리다.

# 우니 모히토

성게 알 5마리 분량
청매실주 1Tbs
청매실 5개
탄산수 1Tbs
라임 1개
민트 잎 소량
얼음 간 것 1Tbs

01 칵테일 잔을 준비해 청매실주와 탄산수를 각각 1Tbs씩 붓는다.
02 청매실을 잔의 중앙에 놓고 그 위에 성게 알을 올린다. 잘게 간 얼음 1Tbs을 성게 알 주변에 뿌린다.
03 라임즙 1tsp을 성게 알 위에 뿌리고 민트 잎을 잘게 다져 잔 둘레에 올려 완성한다.

전복이 건강식품으로 유명한 것은 타우린과 아미노산이 풍부해 병을 앓은 뒤 원기회복과 피로회복에 좋기 때문이다. 중국의 진시황제는 불로장생을 위해 전복을 즐겨 먹었다고 하며, 옛 문헌에는 '앉아서 전복만 먹었다'는 말로 사치스러운 생활을 설명하기도 했다.
사쿠라니는 문어나 낙지 등의 연체류를 삶는 방법의 하나이다. 물을 넉넉하게 붓고 벚꽃의 색처럼 연하게 간장과 청주를 넣어 약한 불로 오랫동안 끓인다.

# 아와비 사쿠라니

**전복 10마리**
**무 1/2개**
**가쓰오다시 팩 1봉지**
**소금 1tsp**
**국간장 1Tbs**
**맛술 2Tbs**
**청주 2Tbs**
**물 3l**
**실파 소량**

01  전복을 솔을 이용해 깨끗하게 씻는다. 무는 원형으로 깎는다.
02  냄비에 물을 3l를 붓고 가쓰오다시 팩, 국간장, 맛술, 청주, 무, 소금을 넣고 끓인다.
03  전복 10마리를 02에 넣고 최대한 불을 약하게 줄여 4시간을 끓인다.
04  대접에 무를 담고 송송 썬 실파와 전복을 올린다. 그리고 삶은 물을 식혀 붓는다.

여름철 기름이 오른 농어를 얇게 회 떠서 얼음에 씻어 먹는 상쾌함은 다른 생선에서는 느낄 수 없는 매력이다. 마치 이열치열以熱治熱의 이치와 같다. 일반적으로 생선회를 물에 씻으면 푸석거리고 밋밋한 느낌이 나기 때문에 절대로 사용하지 않는 방법이지만, 나는 농어를 찬 얼음물에 씻어 기름을 빼고 새콤한 아마즈에 절인 오이를 곁들였다. 유노추보스시에서 여름철 전채요리로 사용해 좋은 반응을 얻었다.

## 스즈키 아라이와 규리즈케

농어 150g
오이 1/2개
하나가쓰오부시 1/2컵
아마즈 200ml
실파 1개
생와사비 소량
비트 소량

01  농어를 석 장 뜨기하고 껍질을 벗긴다. 농어의 살을 최대한 얇고 길게(3cm×10cm) 회를 뜬다.
02  식초를 몇 방울 떨어뜨린 찬 얼음물에 농어회를 씻어 건져내어 마른 행주로 물기를 닦는다.
03  오이는 1mm 두께로 얇게 원형으로 썰어 오이와 같은 분량의 하나가쓰오부시와 버무린 다음 아마즈에 담가 숨이 죽을 때까지 절여 규리즈케를 만든다.
04  접시 위에 농어를 놓고 그 위에 규리즈케를 올려 덮는다.
05  생와사비와 송송 썬 실파, 채 썰어 튀긴 비트를 토핑한다.

제주도에서 자리돔을 잡는 것을 '자리 뜬다'고 하는데 그물로 떠내면 잡히는 생선이라서 그렇게 불렀다고 한다. 그만큼 어획량이 많았다는 얘기다. 예전에 제주 어민들은 끼니때가 되면 바로 잡은 자리돔을 뼈째 썰어 채소와 양념을 섞은 다음 물을 부어 마셨다고 한다.
여름이 제철인 자리돔과 흰오징어를 사용해 물회를 만들었는데 부드럽고 고소한 맛과 쫄깃함이 잘 어울린다.

# 아오리이카 스즈메다이 물회

**흰오징어 50g**
**자리돔 2마리**
**시소 2장**
**적양파 20g**
**배 30g**
**마른 미역 소량**
**식초 75ml**
**사이다 75ml**
**초고추장 150g**

01 흰오징어를 손질한다.
  A 흰오징어의 몸통에 길게 칼집을 넣어 내장을 제거하고 머리와 다리를 떼어낸다.
  B 흰오징어의 물기를 닦아내고 속껍질을 벗긴다.
02 자리돔은 머리를 자르고 내장을 제거한 다음 석 장 뜨기한다.
03 손질한 흰오징어와 자리돔은 길이 2cm, 두께 2mm로 채 썬다.
04 적양파와 배, 시소도 같은 크기로 채 썬다.
05 미역은 물에 불리고 넓게 펴서 같은 크기로 채 썬다.
06 식초와 사이다를 같은 비율로 섞어 냉동고에 보관한다.
07 마르가리타 잔에 초고추장을 30g씩 담고 냉동고에 보관한 식초와 사이다를 30ml씩 조심스럽게 붓는다.
08 흰오징어, 자리돔, 적양파, 배, 시소, 미역을 조금씩 올린다.

설탕을 넣어 달콤하고 무르게 졸인 검은콩을 부도마메ぶどまめ라고 한다. 이 요리는 큐브로 잘게 썬 채소와 검은콩을 새콤한 흑초 드레싱에 버무려 만드는데, 샐러드로도 좋고 구이 등의 요리에 곁들임으로 사용해도 좋다. 현미를 발효시켜 만든 흑초는 중국의 고대 문헌뿐 아니라 일본에도 다양한 기록이 남아 있다. 요리의 양념뿐 아니라 약용으로도 사용했는데 식초의 신맛이 몸을 따뜻하게 하고 위와 간을 보양해주면서 근육은 강화하고 뼈는 부드럽게 한다.

# 부도마메 샐러드

부도마메 3Tbs
아스파라거스 2개
그린빈 4개
방울토마토 3개
삼색 파프리카 소량씩
적양파 50g
감귤 1개
통조림 콘 2Tbs
흑초 드레싱 100ml (351p 참조)

01 아스파라거스는 껍질을 벗긴다.
02 그린빈과 아스파라거스, 방울토마토는 소금을 조금 넣은 끓는 물에 데쳐 식힌다.
03 파프리카와 적양파, 감귤은 5mm 크기의 사각형으로 썰어 준비한다.
04 믹싱 볼에 아스파라거스, 그린빈, 방울토마토, 파프리카, 적양파, 감귤, 콘, 부도마메를 넣고 흑초 드레싱을 뿌려 고르게 버무려 접시에 담는다.

토사스는 삼바이스(삼배초)에 가쓰오부시를 넣어 만든 새콤한 맛의 소스다. 부드럽고 달콤한 여름철 가리비에 토사스를 붓고 2/3 정도만 굽는다. 가리비의 부드럽고 단맛은 강조되면서 토사스로 깔끔한 맛이 조화를 이룬다.

# 토사스를 곁들인 호타테 야키

**가리비** 2마리
**토사스** 30ml (342p 참조)
**양파** 20g
**마늘** 1개

01 양파와 마늘을 2mm 크기로 잘게 다져 토사스에 섞는다. 양파에 토사스가 스며들 때까지 보관한다.
02 과도를 이용해 살아 있는 가리비의 한쪽 껍질을 떼어낸다.
03 가리비에 토사스를 1Tbs씩 붓고 석쇠에 올려 약불로 굽는다.
04 가리비에서 육즙이 빠져나오면서 살짝 오그라들면 불을 끄고 그릇에 담는다.

소라구이를 쓰보야키壺燒き, つぼやき라고 부른다. 살아 있는 소라를 껍질째 압력솥에 넣고 쪄서 꼬치를 이용해 살을 분리한다. 소라를 압력솥에 넣고 찌면 향이 살아 있으면서 탄력도 좋아져서 다시 볶거나 끓여도 뻣뻣해지지 않는다. 빵가루와 상온에서 녹인 버터를 반죽해서 볶은 소라는 아이들 간식이나 가벼운 안주로 좋다.

# 쓰보야키

**소라 3마리**
**습식 빵가루 1/2컵**
**버터 2Tbs**
**파슬리 후레이크 2tsp**
**꽃소금 1컵**
**계란 1개**
**진간장, 청주 소량**
**물, 소금, 후춧가루 소량**

01 소라를 압력솥에 찐다.
  A 소라를 깨끗하게 씻어 압력솥에 넣는다.
  B 압력솥에 소라가 절반만 잠길 정도의 물과 진간장, 청주를 조금씩 첨가해 뚜껑을 잠근다. 끓어 오른 다음 약불로 줄여 20분 정도 익히면 적당하다.
  C 소라를 꺼내어 꼬치를 이용해 살을 분리한다.
02 찐 소라를 3mm 두께로 썰어 믹싱 볼에 담고 습식 빵가루, 소금, 후춧가루, 파슬리 후레이크와 미리 꺼내둔 버터를 넣어 버무린다.
03 팬에 기름을 두르고 센 불에서 버무린 소라를 볶는다.
04 꽃소금을 계란으로 버무려 접시 위에 오목하게 놓고 볶은 소라를 껍질에 담아 소금 위에 고정시킨다.

고소한 맛이 좋은 갯장어를 튀겨서 간장소스에 졸였다. 튀김의 고소한 맛과 간장소스의 단맛이 신선한 채소와 잘 조화를 이룬다. 유노추보에서 매년 여름 계절 메뉴로 판매하는 대박 아이템이다.

# 하모 니즈케

갯장어 1마리
꽈리고추 3~4개
오크 잎 20g
어린 잎 소량
생강 1개
산초가루 소량
데리야키 소스 100ml (338p 참조)
맛술 100ml
전분 1컵

**배 졸임**
배 1개
레드와인 비네거 500ml
설탕 200g

01  갯장어를 손질해 뼈와 내장을 제거하고 찬물에 씻는다.
02  갯장어의 살 쪽으로 3mm 깊이의 칼집을 촘촘히 넣고 껍질 쪽으로는 길게 2~3회 칼집을 넣는다.
03  갯장어는 10cm 길이로 잘라 전분을 고루 바르고 175℃의 기름에 튀긴다.
04  팬에 데리야키 소스와 맛술을 동량으로 넣고 끓으면 튀긴 갯장어와 꽈리고추를 굴려 소스를 입힌다.
05  배를 웨지 모양으로 잘라 레드와인 비네거와 설탕을 넣고 졸인다.
06  오크 잎과 어린 잎을 섞어 접시의 중앙에 놓고 갯장어와 배를 겹겹이 놓는다.
07  전체적으로 산초가루를 흩뿌려준 후 꽈리고추와 가늘게 채 썬 생강을 올린다.

양념에 마리네이드한 닭 날개를 스아게(마른 전분을 얇게 입혀 튀기는 것)했다. 반죽의 두께가 얇아 담백한 닭 요리로, 전분이 들어 있지 않은 커리 파우더를 뿌렸다. 한여름밤 야식이나 맥주 안주로 활용하면 좋다.

## 커리 파우더를 뿌린 닭 날개 튀김

**닭 날개 15개**
**전분 1컵**
**양파 50g**
**커리 파우더 1Tbs**

**마리네이드**
청주 350ml
양파 100g
마늘 3개
생강 파우더 1tsp
올리브오일 2Tbs
소금 1Tbs
후춧가루 소량

01  닭 날개를 마리네이드한다.
   A  닭 날개의 지저분한 껍질과 핏기는 제거하고 칼집을 넣어 손질한다.
   B  청주와 양파, 마늘을 믹서에 곱게 갈아 믹싱 볼에 담는다.
   C  B에 생강 파우더와 올리브오일, 소금, 후춧가루와 손질한 닭 날개를 넣고 버무려 4시간을 냉장고에 보관한다.
02  마리네이드한 닭 날개를 소쿠리에 옮겨 담아 물에 헹궈서 물기를 제거한다.
03  쟁반에 마른 전분을 담고 닭 날개를 굴려 전분을 고르게 입힌 다음 한 번 털어낸다. 165℃의 기름에 튀겨 접시에 담는다.
04  커리 파우더를 고운체에 담아 닭날개 위에 살살 뿌린다.
05  양파를 링으로 얇게 썰어 찬물에 헹궈 접시에 담는다.

구시야키串燒き는 꼬챙이에 꽂아 굽는 요리를 말한다. 일본은 꼬치요리의 종류도 많고 재료도 다양하다. 가장 쉽게 접할 수 있는 구시야키는 닭고기와 돼지고기, 그 부산물로 만든 것들과 해산물, 채소 등으로 만드는 것으로 각각에 어울리는 데리(바르는 소스)도 다양하게 발달했다. 이름도 다양해서 데바야키(닭 날개), 도리가와(닭 껍질), 데바모토(닭 다리), 레바(닭 간), 쓰쿠네(고기 경단) 등이 있다.

# 구시야키

**쓰쿠네**
닭가슴살 200g
양파 30g
대파 1개
다진 마늘 1tsp
계란 1/2개
전분 2Tbs
설탕 1tsp
청주 1Tbs
오코노미야키 소스 30ml (348p 참조)
아오노리(파래가루) 소량
실파 소량
소금 소량
후춧가루 소량

**데바야키**
닭 날개 10개
청주 350ml
양파 100g
마늘 3개
생강 파우더 1tsp
데리야키 소스 50ml (338p 참조)

**토마토 베이컨**
방울토마토 3개
베이컨 1줄
데리야키 소스 50ml

**해산물**
새우 3마리
가리비 관자 3개
데리야키 소스 50ml
시판용 병에 담긴 우니 1Tbs
청주 1tsp

**쓰쿠네**
01 닭가슴살을 잘게 썰어 프로세서에 곱게 갈아 준비한다.
02 양파와 대파는 잘게 다진다.
03 믹싱 볼에 닭가슴살과 양파, 대파, 다진 마늘, 계란, 전분, 소금, 설탕, 후춧가루, 청주를 넣고 반죽한다.
04 넓적한 모양을 만들어 그릴에 굽는다. 익으면 오코노미야키 소스를 발라 구워 꼬치에 꽂는다.
05 아오노리(파래가루)를 뿌리고 송송 썬 실파를 뿌린다.

**데바야키**
01 청주, 양파, 마늘, 생강 파우더를 믹서에 곱게 갈아 닭 날개를 4시간 재운다.
02 닭 날개를 물에 씻어 물기를 제거한 다음, 꼬치에 꽂아 숯불이나 팬에 굽는다.
03 완전히 구워지면 데리야키 소스를 발라 간이 배도록 더 굽는다.

**토마토 베이컨**
01 방울토마토는 소금을 넣은 끓는 물에 데쳐 껍질을 벗긴다.
02 베이컨과 방울토마토를 꼬치에 꽂는다.
03 팬이나 숯불에 굽는다. 베이컨이 익어 단단하게 수축되면 데리야키 소스를 바른다.

**해산물**
01 새우와 관자를 꼬치에 꽂아 숯불에 굽는다. 재료가 익으면 소스를 바른다.
02 데리야키 소스에 병에 든 시판용 우니를 동량으로 섞어 재료를 구우면서 바른다.

이 요리는 중식의 마파두부에서 힌트를 얻었다. 다만, 메뉴를 만드는 과정에서 다진 돼지고기를 데리야키 소스로 양념해 밥 위에 붓고 두부는 따로 튀겨 양파와 함께 토핑했다.

# 아게도후 돈부리

**밥 200g**
**두부 1/3모**
**시금치 2뿌리**
**돼지고기 다진 것 1Tbs**
**다진 마늘 1tsp**
**고춧가루 1/3tsp**
**데리야키 소스 20ml** (338p 참조)
**굴소스 20ml**
**물 전분 1/4컵**
**참기름 1Tbs**
**양파 40g**
**마른 전분 1컵**
**고추기름, 후춧가루 소량**
**실파 소량**

01  두부를 2cm 크기의 정육면체로 자른다. 쟁반에 마른 전분을 담고 자른 두부를 그 위에 굴려서 175°C의 기름에 튀긴다.
02  팬에 기름을 두르고 다진 돼지고기와 다진 마늘을 먼저 볶는다. 돼지고기가 익으면 시금치를 넣고 볶는다.
03  고춧가루와 데리야키 소스, 굴소스를 넣은 후 물 20ml 붓고 소스가 뭉치지 않도록 한다. 고추기름과 후춧가루를 조금 넣고 물 전분을 풀어 걸쭉하게 만든 다음 참기름을 넣고 불을 끈다.
04  대접에 밥을 담고 그 위에 03의 소스를 붓고 튀긴 두부를 올린다. 양파를 얇게 썰어 찬물에 헹궈서 올린다. 송송 썬 실파도 올린다.

간장에 졸여 만든 붕장어는 구운 것보다 맛이 담백하면서 부드럽고 달콤하다. 나는 이 부드러운 맛을 더욱 돋보이게 할 수 있는 덮밥을 구상했다. 에그 스크램블, 마파두부 등 여러 방법을 연구했지만, 네기토로와 아나고의 궁합이 가장 절묘했다. 부드럽고 달콤한 맛과 농후한 지방의 맛의 조화가 훌륭하고 절제된 맛임에도 그 품위를 잃지 않는다.

## 네기토로 아나고 돈부리

붕장어 1마리
간장 300ml
물 330ml
청주 330ml
맛술 330ml
설탕 330g
참다랑어 뱃살(토로) 50g
대파 흰 부분 1개
초밥 100g
꼬치 1개

01 붕장어의 머리를 고정하고 등을 갈라 내장과 가운데 척추를 제거한다. 찬물에 헹궈서 살에 핏물이 배지 않도록 한다.
02 끓는 물에 붕장어가 뻣뻣해질 때까지 데친 후 얼음물에 식힌다. 껍질 쪽의 흰 점액질을 떼어내고 지느러미를 가위로 자른다.
03 바닥이 넓은 냄비에 간장, 물, 청주, 맛술, 설탕을 넣고 끓으면 붕장어를 넣고 나무종이로 덮어 20분간 졸인다.
04 32g의 소금을 녹인 미지근한 물 1l에 토로를 1분 정도 담가 전체 덩어리에서 1/3 정도 해동한 다음 건져서 깨끗한 마른 행주로 물기를 닦는다.
05 대파는 잘게 송송 썰고 토로는 쌀 한 톨 정도의 크기로 다진다.
06 졸인 붕장어를 접시에 놓고 그 위에 초밥과 다진 토로, 다진 대파를 올린다. 부서지지 않도록 조심스럽게 말아 덮고 꼬치로 고정한다.

하쓰모노初物는 계절에 처음 나온 야채, 곡류, 어류, 과일 등을 일컫는다. 일본에는 오래전부터 '하쓰모노를 먹으면 장수한다'는 말이 있어서 일본인들은 처음 출하된 것에 큰 의미를 둔다. 하쓰모노는 그밖에도 '새롭다' '싱싱하다' '성장하다'라는 뜻이 있으며, 여름철 민물장어를 비롯해 1월 1일에 잡혀 처음 경매되는 혼마구로는 TV에 생중계될 정도로 일본인들의 관심을 받는다. 마무시まむし는 간사이 지방에서 사용하는 장어덮밥의 다른 명칭으로, 일반적으로 하쓰마무시는 1인분씩 먹지 않고 큰 그릇에 만들어 여럿이 나눠 먹는다.

# 하쓰마무시

(3인분 기준)
민물장어 2마리
초밥 500g
오복채 25g
김 1/2장
생강 1/2개
실파 2개
무순 20개
계란 2개
생크림 소량
산초가루 소량
우나기 타래 50ml (349p 참조)

01   토핑 재료를 준비한다.
    A 오복채는 밥알 크기로 다진다.
    B 김은 가늘게 채 썰고, 생강도 가늘게 채 썰어 찬물에 두세 번 씻어 물에 담가 준비한다.
    C 실파는 송송 썰고, 무순은 2cm 길이로 자른다.
    D 계란은 생크림을 조금 섞어 지단을 만들고 가늘게 채 썬다.
02   민물장어를 굽는다.
    A 장어를 머리와 내장, 뼈를 제거하고 청주에 깨끗하게 씻는다.
    B 장어를 석쇠에 올려 굽는다. 부분적으로 갈색이 되도록 구워서 뜨거울 때 찬 얼음물에 담가 표면의 기름을 제거한다.
    C 찜통에 소창을 깔고 장어를 가지런히 올려 20분을 찐다. 상온에서 그대로 식힌다.
    D 다시 석쇠에 올려 우나기 타래를 바르며 앞뒤로 굽는다.
03   그릇에 따뜻한 초밥을 2cm 두께로 담고 오복채와 김채를 고르게 뿌린다. 그리고 채 썬 계란 지단을 뜨겁게 데워 고르게 펴서 담는다.
04   구운 장어를 먹기 좋은 크기로 잘라 03 위에 보기 좋게 담고 산초가루를 뿌리고 가늘게 썬 생강과 실파, 무순을 자연스럽게 뿌린다.

차갑게 비벼 먹는 히야시 라멘은 새콤하고 고소한 고마다래 소스, 시소, 잣을 갈아 만든 시소 페스토를 사용해 더욱 시원하고 깔끔하다. 무더운 여름철 별미로 제격이다.

# 히야시 라멘

**라멘 면** 150g
**양상추** 30g
**롤라로사** 3장
**명란젓** 1개
**코코넛 크림** 1tsp
**생크림** 1tsp
**고마다래 소스** 150ml (337p 참조)
**시소 페스토** 2Tbs (344p 참조)

01  양상추와 롤라로사는 거칠게 썰어서 찬물에 헹군 후 소쿠리에 건져둔다.
02  명란젓은 과도를 이용해 껍질에서 알을 떼어낸다. 믹싱 볼에 코코넛 크림과 생크림을 각각 1tsp씩 넣고 명란젓 1Tbs과 함께 비벼 준비한다.
03  끓는 물에 라멘 면을 삶는다. 이때 90% 정도 삶아 찬물에서 전분이 완전히 제거되도록 헹궈서 물기를 털어낸다.
04  믹싱 볼에 시소 페스토와 라멘 면을 넣고 골고루 비벼서 면이 서로 붙지 않도록 한다.
05  접시에 양상추와 롤라로사를 담고 고마다래 소스를 고르게 뿌린다. 그 위에 03의 면을 말아 올리고 02의 명란젓을 올린다. 얼음을 곱게 갈아 뿌려도 좋다.

그라니타granita는 이탈리아의 시칠리아섬에서 유래된 디저트의 일종으로, 라임, 레몬 등의 과일에 설탕과 와인 또는 샴페인을 넣은 혼합물을 얼려서 만든다. 프랑스어로는 그라니테granité 라고 하는데, 소르베보다 얼음 입자가 굵고 그 모양이 화강암 같다고 해서 붙여진 이름이다.
나는 오이와 시소를 갈아 즙을 짜서 만들었는데 시소의 알싸한 맛과 오이의 시원한 맛이 잘 어울린다.

# 시소와 오이 그라니타

오이 1kg
시소 10장
물 200ml
설탕 100g
라임즙 60ml

01  오이를 깍둑썰기해서 시소와 물, 설탕을 넣어 믹서에 곱게 갈아 소창에 거른다.
02  01의 오이주스 350ml에 라임즙 60ml를 넣고 얼음 틀에 부어 단단하게 얼린다.
03  빙삭기에 거칠게 갈아 그릇에 담아 완성한다.

9〜10月

## 가을 스시

### 히라메 곤부지메 ひらめ ごんぶじめ
광어는 가을부터 겨울까지가 제철이다. 소금을 살짝 뿌려 절인 광어 살에 청주에 불린 다시마를 덮어 하루 동안 절여 사용했다. 다시마의 향이 밴 광어의 맛이 일품이다.

### 구로다이 くろだい
감성돔의 생김새는 참돔과 흡사하지만 전체적으로 검은 빛이 돌고 이시다이와 함께 갯바위 낚시꾼들에게 가장 인기 있는 생선이다. 탄력이 좋지만 부드러운 느낌의 식감은 담백하면서 감칠맛이 뛰어나다.

### 구루마에비 くるまえび
살아 있는 보리새우를 꼬치에 꽂아 끓는 물에 소금을 넣고 삶았다. 이때 완전히 삶으면 살이 퍽퍽해지므로 70~80% 정도만 삶는다. 찬물에 헹구지 않고 상온에서 그대로 식혀 껍질을 벗겨내고 초밥을 만들었다.

### 이쿠라 イクラ
가을이 되어 고향으로 돌아오는 연어의 알은 산란이 가까워질수록 커지고 알의 껍질이 단단해져서 상품가치가 떨어진다. 유노추보의 연어 알은 일본 농림수산성에서 인정하는 홋카이도산으로 해안에서 낚시로 잡은 것을 사용한다. 씹을 때 찰지고 끈끈함이 느껴지며 짠맛과 지방의 맛이 균형 잡힌 최상품 연어 알이다.

### 가와하기 カワハギ
쥐치는 툭 튀어나온 주둥이에 있는 넓적하고 끝이 뾰족한 이빨이 마치 쥐의 이빨을 닮았다고 해서 붙여진 이름이다. 예전에는 껍질이 두껍고 거칠어서 낚싯대에 걸려도 그냥 버렸다고 하는데, 요즘에는 말린 포의 재료로 사용될 뿐 아니라 자연산이라는 프리미엄이 붙으면 횟감용으로 인기가 있다. 석 장 뜨기를 하고 상어가죽처럼 거친 껍질을 벗긴 다음 얇게 네타를 자른다. 쫄깃하고 깔끔한 맛을 강조하기 위하여 폰즈에 3분가량 담갔다가 초밥을 만들고 위에 아카오로시(붉은 무즙)와 실파를 올렸다.

### 고하다 こはだ
가을 전어를 초절임해서 만든 초밥이다. 고등어와 같은 방법으로 대가리와 뼈, 내장을 제거한 전어를 소금에 30분간 절이고, 3배로 희석한 식초에 20분간 절여 만들었다. 식초에 절여 산뜻한 맛이 좋은, 가을철에만 먹을 수 있는 초밥이다.

### 시메사바 しめさば
유노추보에서는 살아 있는 고등어를 사용한다. 대가리와 뼈, 내장을 제거하고 소금에 1시간, 2배로 희석한 식초에 30분간 절여 초밥을 만들었다. 생강과 실파를 올려 만든 시메사바 스시는 고소한 맛과 감칠맛은 그대로이고 기름지고 느끼한 맛은 담백해져서 초밥을 만들었을 때 밥과 잘 어울린다.

### 산마 さんま
꽁치는 예전부터 고등어와 함께 우리나라 근해에서 많이 잡히는 서민적이고 친숙한 어종이다. 꽁치를 추도어秋刀魚라고 부르기도 하는데 가을에 가장 맛이 좋고 몸통과 입의 모양이 칼처럼 길기 때문이다. 꽁치에 곱게 간 마늘과 파를 올려 특유의 비린 맛을 없앴다.

### 아카가이
피조개는 가을부터 초봄까지 제철이고, 가을보다는 산란기를 앞둔 2~3월이 가장 맛있다. 꼬들꼬들하게 씹는 맛이 좋고 고소한 맛과 독특한 철분의 향이 좋다.

### 아카가이 히모 あかがい ヒモ
히모는 조개의 껍질 안쪽에 붙어 있는 외투막이다. 오독오독 씹는 맛이 매우 좋아 히모를 선호하는 고객층이 있다. 사진은 스미소(초된장)에 버무린 히모 초밥이다.

### 가쓰오 かつお
가을철에 통통하게 살이 오른 가다랑어로 만든 초밥이다. 겉껍질을 다다키해서 (2~3mm 두께로 센 불에 구워 얼음물에 식힌 것) 초밥을 쥐기도 하지만, 나는 겉부분을 벗겨내고 초밥을 만든 다음 마늘과 파를 곁들였다. 마늘과 파는 가쓰오 특유의 피 냄새를 없애준다.

구루마에비    고하다    구루마에비, 이쿠라

### 마쓰타케 まつたけ

가쓰오다시 물에 간장, 맛술, 청주, 소금을 넣고 끓인 다음 송이를 담갔다가 건져 그릴에 구웠다. 송이는 3mm 두께로 썰어 절반만 굽는다. 완전히 익으면 향도 덜하고 식감도 떨어지기 때문이다.

### 이와시 いわし

수온에 따라 움직이는 계절 회유성 어종인 정어리는 '바다의 쌀'로 불린다. 이는 정어리가 플랑크톤을 먹고 성장한 후에 고등어, 명태, 가다랑어, 방어, 상어 등 육식성 어류뿐 아니라 해양 포유류인 물개, 돌고래 등 거의 모든 포식자의 먹잇감이 되기 때문이다. 이 초밥은 정어리를 다져서 소금으로 간을 하고 마늘과 파를 곁들여서 만들었다. 부드럽고 고소한 맛과 마늘과 파의 어울림이 좋다.

### 훗키가이 ほっきがい

북방조개는 늦가을인 11월부터 2월까지 제철이다. 조갯살 안쪽에 두툼한 살이 마치 곱창의 곱처럼 붙어 있다. 사진의 초밥은 북방조개를 소금물에 살짝 데친 후 쪼개서 초밥을 만들고 쓰메를 바른 것이다. 생으로 먹을 때는 특유의 갯내음이 있지만 데치면 단맛과 고소한 맛이 뛰어나다.

### 구루마에비

자연산 보리새우의 꼬리는 무지개 빛깔로 아주 곱다. 살아 있는 보리새우의 대가리와 껍질을 제거하고 등 쪽으로 칼집을 넣어 칼등으로 살살 두드려 얼음물에 씻는다. 꼬들꼬들하게 씹는 맛이 좋고 첫맛은 깔끔하고 뒷맛은 달다. 개인적으로는 초밥보다 회를 더 좋아한다.

마쓰타케

그리스 신화에도 등장하는 무화과는 클레오파트라가 미용을 위해 즐겨 먹었다고 알려진 과일이다. 무화과에는 폴리페놀이라는 성분이 들어 있어서 노화 방지와 성인병 예방에 효과가 있다.『동의보감』과『본초강목』에는 몸 안의 독소 제거와 위장 질환 해소, 소화 촉진 등에 좋다고 적혀 있다. 프로슈토 햄은 돼지 뒷다리 허벅지 부위의 살을 열처리하지 않고 소금에 절여 그늘에서 10개월 이상 말려 만든 이탈리아의 대표적인 햄이다.

이 요리는 발사믹 비네거와 데리야키 소스에 구운 달콤한 무화과와 짭짤한 프로슈토 햄의 어울림이 조화롭고, 맥주나 와인 안주로 좋다.

# 무화과와 프로슈토 햄

무화과 2개
올리브오일 1/2Tbs
프로슈토 햄 2장
루콜라 소량
데리야키 소스 1Tbs (338p 참조)
발사믹 드레싱 2Tbs (341p 참조)

**마스카포네 크림**
마스카포네 치즈 50g
생크림 150ml
소금 소량
후춧가루 소량

01  무화과를 반으로 자르고 팬에 올리브오일을 두르고 약한 불로 굽는다. 무화과가 익으면 발사믹 드레싱을 붓고 중불로 졸인다.
02  마스카포네 치즈를 상온에서 말랑하게 만든 다음 믹싱 볼에 담고 생크림을 조금씩 부어가면서 휘핑을 한다. 부풀어 오르면 소금과 후춧가루를 첨가한다.
03  무화과를 자른 면이 위로 향하게 접시에 담고 그 위에 마스카포네 크림을 1tsp씩 올린 뒤 프로슈토 햄으로 덮는다.
04  루콜라 잎을 잘라 바닥에 뿌리고 데리야키 소스를 자연스럽게 뿌린다.

가다랑어는 고등어과의 회유성 어류로 겨울철에는 추운 북쪽에서 정어리 같은 작은 물고기를 잡아먹으며 살고 여름철에는 따뜻한 적도 부근에 알을 낳는다. 봄가을에 일본 근해에서 잡히는데 시기에 따라 그 맛도 다르다. 봄철 가다랑어는 빛깔이 좋고 맛이 담백하고 깔끔하다. 그에 비해 가을철에 살이 통통하게 오른 가다랑어는 기름진 맛과 향이 좋다. 예전에는 봄철 가다랑어가 인기가 좋았지만, 요즘은 가을 가다랑어의 인기가 좋다.

# 가쓰오 다다키

가다랑어 200g
무 50g
당근 20g
마늘 6개
청양고추 2개
실파 4개
폰즈 120ml (350p 참조)

01 가다랑어를 다다키한다.
   A 가다랑어는 대가리와 내장을 제거하고 석 장 뜨기를 해서 살을 분리한다.
   B 불에 석쇠를 달구고 그 위에 가다랑어의 껍질이 석쇠에 닿도록 올려 센 불에 굽는다. 껍질을 포함해 3mm 두께로 굽는다.
   C 굽자마자 얼음물에 넣어 열을 식힌 다음 건져내 마른 행주로 물기를 닦는다.
02 무와 당근을 가늘게 채 썰어 찬물에 헹군다. 실파는 송송 썬다.
03 마늘은 얇게 썰어 물에 헹군 다음 155℃의 기름에 기포가 나지 않을 때까지 튀긴다.
04 접시에 가다랑어를 3mm 두께로 썰어 돌려 담는다. 중앙에 채 썬 무와 당근을 담고 폰즈를 전체적으로 뿌린다.
05 가다랑어 위에 곱게 간 마늘과 얇게 썬 청양고추를 올리고 무와 당근 위에 송송 썬 실파와 튀긴 마늘을 올린다.

고등어는 성질이 급해 잡히자마자 죽는데다 신선도가 떨어지면 살에 많이 함유된 히스티딘이라는 아미노산이 히스타민으로 변해 식중독을 일으키기 쉽다. 이를 막기 위해 고등어는 잡자마자 소금에 절여왔다.
유노추보에서는 구하기 어려운 살아 있는 고등어를 제주도에서 공급받아 손질한 다음 소금과 식초에 절여 사용한다. 이렇게 소금에 절인 뒤 다시 식초에 담가 절이는 고등어를 '시메사바'라고 하는데, 식초의 산미가 감칠맛을 돋우는 역할을 하고 기름진 고등어가 담백해진다.

## 시메사바와 스미소

**고등어 1마리**
**실파 4개**
**생강 1개**
**양파 50g**
**소금 2컵**
**라임 1개**
**스미소 2Tbs** (342p 참조)

**식초물**
식초 500ml
대파 1개
양파 30g
가쓰오부시 1컵
레몬 1/2개
물 1l

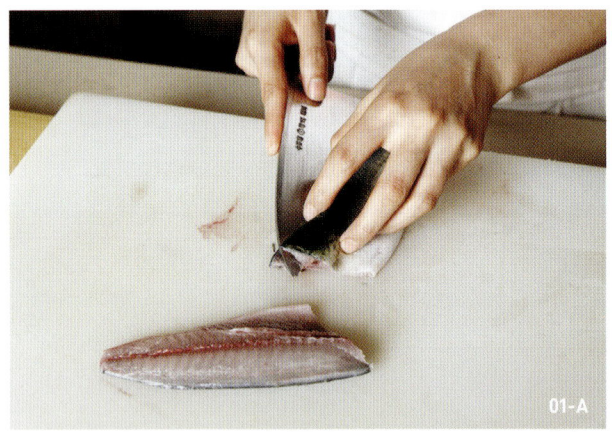

01-A

01-B

01-B

01-C

01 시메사바를 만든다.
  A 고등어의 대가리와 내장을 제거하고 깨끗하게 씻어 석 장 뜨기를 한다.
  B 쟁반에 소금을 듬뿍 깔고 고등어를 올려놓고 소금을 덮어 1시간 절인다.
  C 식초물을 준비해 소금을 씻어낸 고등어를 담가 30분간 절인다.(여름에는 25분, 겨울에는 37분 절인다.)
  D 고등어를 건져 마른 행주로 물기를 닦아낸다.
  E 갈비뼈를 제거하고 핀셋으로 가운데 뼈를 뽑는다.
02 양파를 얇게 썰어 찬물에 헹궈 매운맛을 제거하고 물기를 털어 접시에 놓는다.
03 고등어의 껍질을 벗기고 1cm 두께의 히라쓰쿠리*로 썰어 토치를 이용해 겉면을 살짝 굽는다.
04 구운 고등어를 양파 위에 올리고 곱게 간 생강과 송송 썬 실파를 올리고 스미소를 지그재그로 뿌린다. 라임을 곁들인다.

히라쓰쿠리平造り : 회를 자르는 대표적인 방법으로 생선살의 얇은 쪽을 앞으로 해서 도마에 놓고 왼손으로 생선을 가볍게 누르며 칼날의 안쪽 끝부터 그대로 잡아당기듯 자르는 방법이다.

중국에 불도장이 있다면 일본에는 도빙무시(土瓶蒸し, どびんむし)가 있다. 도빙무시는 '주전자 찜' 정도로 해석하면 되는데, 생선살, 은행, 부드러운 고기, 전복 등을 넣고 육수를 끓여 자연산 송이와 함께 주전자에 넣은 요리이다. 작은 잔에 송이의 은은한 향이 배어 있는 국물을 따라서 먹고 뚜껑을 열어 건더기를 건져 먹는 가을철 보양식이다.

# 도빙무시

자연산 송이(중간 크기) 2개
은행 3개
대구살 20g
닭가슴살 25g
색어묵 1.5cm
하모 1.5cm
전복 1/4마리
참나물 2줄기
대파 흰 부분 1개

**우스핫포다시**
진간장 1/2Tbs
국간장 1Tbs
맛술 1Tbs
청주 1Tbs
소금 소량
대파 흰 부분 2cm
가쓰오다시 물 500ml

01  은행은 껍질을 벗긴다. 대구살, 전복, 하모, 색어묵, 닭가슴살은 1.5cm 크기의 사각으로 자른다.
02  냄비에 물을 붓고 소금, 청주, 진간장, 맛술을 조금씩 넣어 간을 한 다음 01의 재료를 넣고 끓인다.
03  냄비에 물 1l를 붓고 다시마를 20cm 크기로 잘라 넣고 끓인다. 물이 끓어오르면 다시마를 건지고 찬물을 50ml 붓고 하나가쓰오부시를 넣어 식힌다. 20분 뒤에 가쓰오부시를 건져낸다.
04  냄비에 가쓰오다시 물 500ml를 붓고 진간장, 국간장, 맛술, 청주, 소금, 대파 흰 부분을 넣고 끓여 '우스핫포다시*'를 만든다. 심심할 정도로 간이 맞으면 02의 삶은 재료를 넣고 끓여 주전자에 담는다.
05  송이는 2mm 두께로 납작하게 썰고 참나물과 함께 주전자에 넣어 숯불에 올린다.

우스핫포다시薄八方出し : 핫포다시는 진하게 뽑은 가쓰오다시에 간장, 맛술, 청주를 넣고 한 번 끓인 것인데 일본요리에서 다양한 용도로 사용된다. 우스핫포다시는 묽은 간장을 사용해 옅게 만든 핫포다시를 말한다.

국내 일식당에서 먹는 열빙어의 거의 대부분은 알래스카 또는 캐나다에서 수입된 가짜다. 진짜 열빙어는 아가미가 크고 입이 눈 뒤쪽까지 이어져 있으며 몸통에 붉은색이 돈다. 반면 가짜는 몸통에 푸른빛이 돌고 아가미와 눈과 입이 작다. 열빙어는 홋카이도에서만 서식하는데 봄에 알이 부화하면 강을 따라 내려가서 바다로 갔다가 가을이 되면 연어처럼 고향으로 되돌아온다. 그중 알을 밴 암놈을 잡아 말린 것이 열빙어이다. 속까지 꽉 찬 알의 구수하고 달콤한 맛이 좋고, 담백하면서 부드러운 흰살생선 구이의 맛도 또렷하다.

## 스파이시 크림을 곁들인 시샤모

**열빙어 8마리**
**교나 30g**
**스위트 칠리 소스 2Tbs** (344p 참조)

01 열빙어를 그릴에 굽는다.
02 교나를 찬물에 잘 씻어 물기를 제거하고 10cm 길이로 잘라 접시에 담는다.
03 접시에 열빙어를 담고 스위트 칠리 소스를 뿌린다.

'가을 전어 대가리에는 참깨가 서 말' '전어 굽는 냄새에 집 나갔던 며느리 다시 돌아온다' '전어는 며느리 친정 간 사이에 문 걸어 잠그고 먹는다' 등등 전어만큼 그 뛰어난 맛을 비유한 속담이 많은 생선도 드물다. 전어는 남쪽에서 겨울을 보내고 4~6월쯤에 북상하여 산란한다. 여름 동안 성장한 전어는 가을이 되면 몸 길이가 20cm 전후로 자란다. 가을 전어가 유명세를 타는 이유는 봄보다 지방질이 3배 이상 많아지기 때문이다. 난반즈케는 난반스라고 하는 새콤달콤한 초간장에 향신채소를 넣어 만든 소스에 굽거나 튀긴 재료를 적셔 먹는 요리를 말한다. 살이 오른 가을 전어를 구워 난반즈케를 만들어보았다.

# 고하다 난반즈케

**전어 3마리**
**전분 1컵**
**양파 30g**
**난반스 100ml** (337p 참조)

01 전어의 측면에 칼집을 넣어 내장과 아가미를 제거한다. 비늘도 제거한다.
02 전어를 꼬치에 꽂는다. 표면에 전분을 고르게 바르고 165°C의 기름에 튀긴다.
03 양파를 얇게 썰어 찬물에 헹궈서 매운맛을 제거하고 물기를 뺀다.
04 접시에 난반스를 담고 전어를 가지런히 담는다. 옆에 양파를 곁들인다.

257

중국과 일본을 비롯해 우리나라 전역에 분포하는 은어는 물이 맑은 하천과 그 하구에 서식하며 자갈이 깔린 강바닥을 좋아한다. 은어는 오염된 하천에는 살지 못하고, 9~10월의 산란기에 강바닥에 알을 낳고 부화하면 곧바로 바다로 가서 겨울을 난 뒤 이듬해 봄에 강으로 거슬러 올라온다. 가장 맛이 좋은 시기는 늦여름과 가을로, 담백하고 비린 맛이 없으며 살에서 오이향이나 수박향이 난다. 구웠을 때 깔끔한 단맛도 훌륭하다. 아쉽게도 지금은 보호어종으로 구분되어 8월부터 10월까지 어획이 금지됐기 때문에 가을철 자연산 은어는 맛보기 어렵다.

## 사이교 미소를 곁들인 아유야키

**은어 6마리**
**와카사지 30ml** (348p 참조)
**사이교 미소 3Tbs** (343p 참조)
**마늘 2개**
**대파 1/3개**
**소금 소량**

01 은어를 꼬치로 꽂아 석쇠에 올려 소금을 뿌리고 그릴에 굽는다.
02 은어를 앞뒤로 뒤집어가며 굽고 완전히 익으면 와카사지를 바르고 한 번 더 굽는다.
03 사이교 미소에 다진 마늘과 다진 파를 섞는다.
04 접시에 은어를 담고 사이교 미소를 올린다.

새우와 가리비는 남녀노소를 불문하고 한국인들이 가장 좋아하는 재료다. 달콤하게 졸인 사과와 데리야키 와인 소스로 볶은 새우와 가리비 볶음은 쉽게 만들 수 있고 어떠한 자리에 내놓아도 잘 어울린다.

# 에비 호타테 야키

중하새우 5마리
가리비 관자 5개
사과 1개
양파 30g
삼색 파프리카 1/4개씩
데리야키 와인 소스 1Tbs (346p 참조)
중화 고추마늘 소스 1tsp

**셰리와인 비네거에 졸인 사과**
사과 1개
셰리와인 비네거 200ml
발사믹 비네거 20ml
설탕 50g
통계피
버터 2tsp
소금, 후춧가루 소량

**살사 프레스코**
양파 30g
토마토 30g
고수 잎 10장
오렌지주스 40ml
레몬주스 1Tbs
소금 소량

01 셰리와인 비네거에 사과를 졸인다.

    A 사과를 웨지 모양으로 12등분한다.

    B 팬에 기름을 두르고 사과를 노릇하게 굽는다.

    C 팬이 뜨거울 때 셰리와인 비네거와 발사믹 비네거를 부어서 신맛을 날리고 설탕, 계피, 후춧가루, 버터를 넣고 10분간 끓인다. 완전히 식으면 통계피를 건져낸다. 소금과 후추로 간한다.

02 양파, 토마토, 고수 잎은 3~5mm 크기의 사각으로 썰어 오렌지주스와 레몬주스에 담가 살사 프레스코를 만든다. 소금도 살짝 뿌려 간한다.

03 양파와 삼색 파프리카는 1cm×4cm 크기로 썬다.

04 팬에 기름을 두르고 새우, 가리비, 양파, 파프리카를 볶는다. 새우와 가리비가 익으면 데리야키 와인 소스와 고추마늘 소스를 넣고 다시 볶는다. 색이 노릇하게 나오면 청주를 뿌리고 버터를 조금 넣어 마무리한다.

05 접시에 사과를 가지런히 놓고 그 위에 볶은 새우와 가리비를 놓는다. 살사 와인프레스코를 나란히 담는다.

도기로 만든 히라나베(납작한 나베)에 기름을 두르고 쇠고기나 돼지고기, 채소를 구워 폰즈 등의 소스를 찍어 먹는 요리를 '토반야키'라고 한다. 나는 살아 있는 보리새우를 뜨겁게 달군 냄비에 넣고 뚜껑을 닫아 새우가 얌전해지면 토사스를 부어 졸였다. 토사스의 새콤한 맛이 구울 때 느껴지는 맛과 어울려 풍미가 좋다.

## 구루마에비 토반야키

보리새우 10마리
두부 1/4모
팽이버섯 1/3봉지
토사스 150ml (342p 참조)
쇠기름(소의 지방) 소량
버터 소량

01  뜨겁게 달군 냄비에 쇠기름을 두르고 직사각형 모양으로 자른 두부를 굽는다. 두부가 노릇하게 되면 생새우를 넣고 뚜껑을 덮고 불을 약하게 줄인다.
02  냄비 안에 넣은 새우가 잠잠해지면 뚜껑을 열고 토사스를 부은 후 센 불로 끓여 졸인다. 이때 버터를 조금 넣는다. 마지막으로 팽이버섯을 곁들인다.

요즘에는 훈제용 나무칩을 남대문에서 쉽게 구입할 수 있다. 나무칩을 물에 충분히 적셔 팬에 담아 굽는다. 안쪽에 팬이 있어 훈제 기능이 되는 오븐을 구입하면 집에서도 손쉽게 훈제요리가 가능하다. 훈제용 오븐에 구운 고소하고 기름진 맛의 오리고기에 새콤하게 졸인 레드어니언을 곁들인 요리다.

# 훈제오리와 레드어니언 마멀레이드

**오리 가슴살 1개**
**훈제용 나무칩 2컵**
**실파 10개**
**블랙커런트 4~5개**
**소금 25g**
**청주 40ml**
**맛술 40ml**
**물 1L**

**레드어니언 마멀레이드**
**레드어니언 1kg**
**레드와인 100ml**
**레드와인 비네거 350ml**
**크림드카시스 100ml**
**그레나딘 시럽 100ml**
**버터 2tsp**

01  물 1l에 소금과 청주, 맛술을 섞어 오리 가슴살을 3시간 담가둔다.

02  오리 가슴살을 0.7cm 두께로 썰어 파이팬에 담아 180℃로 예열된 오븐에 넣는다. 이때 물에 적신 훈제용 나무칩을 같이 넣는다.

03  레드어니언을 얇게 썰고 레드와인, 레드와인 비네거, 그레나딘 시럽, 크림드카시스*, 버터를 넣고 졸여 레드어니언 마멀레이드를 만들어 식힌다.

04  오리 가슴살이 갈색빛으로 구워지면 접시에 가지런하게 담는다. 오리 가슴살 위에 레드어니언 마멀레이드를 올리고 양쪽에 송송 썬 실파를 담는다. 레드어니언 마멀레이드 위에 블랙커런트를 올린다.

크림드카시스 : 블랙커런트로 만든 리큐르, 강한 신맛을 가지고 있다.

일본에서 후박 잎을 이용한 요리는 나라 시대부터 시작된 것으로 오랜 역사를 가졌다. 후박 잎은 주로 초밥을 감싸서 만드는 용도로 사용되는데, 호우바 미소는 후박 나뭇잎에 된장을 바르고 잘게 썬 파나 간 생강을 첨가해 싼 다음 숯불로 구운 것이다. 후박 잎의 향기가 은은하게 배어나와 소박한 정취를 느낄 수 있다.

# 항정살 호우바야키

**항정살 150g**
**사이교 미소 2Tbs** (343p 참조)
**긴잔지 미소 2Tbs**
**대파 흰 부분 1개**
**후박 잎 1장**

01 후박 잎을 물에 불린다.
02 항정살은 두꺼운 기름은 떼어내고 어슷하게 썰어 사이교 미소에 재운다.
03 대파 흰 부분은 세로 방향으로 가늘게 채 썬 후 찬물에 헹궈 매운맛을 뺀다.
04 후박 잎의 물기를 닦고 긴잔지 미소˚를 나뭇잎 위에 바른다.
05 숯불에 석쇠를 올리고 그 위에 쿠킹포일을 올린 다음 후박 잎을 올린다. 그리고 긴잔지 미소를 바른 부분 위에 항정살을 올려 굽는다. 가늘게 채 썬 대파를 곁들인다.

긴잔지 미소金山寺味噌, きんざんじみそ : 쌀, 보리, 대두를 섞어 만든 미소에 신선한 채소(가지, 참외, 생강 등)를 박아 넣어 단맛이 나는 반찬 용도의 된장

밧테라즈시ばってら司는 관서식 고등어초밥을 말하는데 밥과 생선을 상자에 담아 눌러 만든 하코스시의 일종이다. 하코스시는 관동식 니기리즈시와 비교하면 형태가 잘 유지되지만, 눌러 만들었기 때문에 전체적으로 니기리즈시보다 단단하다. 나는 간장에 졸인 표고버섯과 시소, 산초, 난반스에 절인 다시마를 첨가했다. 단단한 초밥에 강한 맛이나 향이 나는 식재료를 사용해 맛의 조화에 신경을 많이 쓴 요리다.

# 밧테라즈시

시로이타곤부

고등어 1마리
초밥용 밥 250g
스다치 1개
절인 산초 10개
흰 다시마(시로이타곤부) 1장
표고버섯 2개
진간장 50ml
맛술 50ml
청주 50ml
설탕 35g
시소 3장
난반스 50ml (337p 참조)
소금 1컵
와사비 소량

**식초물**
식초 500ml
대파 1개
양파 30g
가쓰오부시 1컵
레몬 1/2개

01 시메사바를 만든다.
    A 고등어의 대가리와 내장을 제거하고 깨끗하게 씻어 석 장 뜨기를 한다.
    B 쟁반에 소금을 듬뿍 깔고 고등어를 놓고 소금을 덮어 1시간 절인다.
    C 식초물을 준비해 소금을 씻어낸 고등어를 담가 30분간 절인다.(여름에는 25분, 겨울에는 37분 절인다.)
    D 고등어를 건져 깨끗한 마른 행주로 물기를 닦는다.
    E 갈비뼈를 제거하고 핀셋으로 가운데 뼈를 뽑는다.
02 하코스시 틀을 물에 담가서 불린다.
03 표고버섯을 채 썰어 진간장, 맛술, 청주, 설탕을 동량으로 넣고 졸인다.
04 흰 다시마(시로이타곤부)*를 젖은 물수건으로 닦아 난반스에 담가 절인다.
05 고등어를 3mm 두께로 얇게 포를 뜬 다음 하코스시 틀 크기에 맞게 재단하고 와사비를 바른다.

06 초밥에 채 썬 시소와 간장에 졸인 표고버섯을 넣고 섞은 다음 하코스시 틀에 담아 눌러 초밥을 만든다.

07 틀에서 하코스시를 꺼내어 위에 난반스에 절인 흰 다시마를 덮는다. 10쪽으로 자른다.

08 스시를 접시에 담고 스다치** 껍질을 강판에 갈아 스시 위에 뿌리고 절인 산초를 올린다.

**시로이타곤부**白板昆布しろいたこんぶ : 삶은 다시마를 말려서 대패로 가늘고 얇게 썬 것을 오보로곤부라고 한다. 오보로곤부를 하고 남은 가운데 심 부분을 시라이타곤부라고 하는데 일반적으로 식초에 절여 부드럽게 만들어 사용한다.

**스다치**すだち : 유자와 비슷한 신맛이 강한 단단하고 작은 열매로 일본의 에도 시대 후반부터 요리에 사용했다는 기록이 있다. 일본에서는 '수입산 레몬보다 와쇼쿠(일식)에 잘 어울린다'고 한다.

스키야키는 고기를 깊이가 얕은 철 냄비에 굽거나 삶은 요리를 말한다(보통 관동지방에서는 굽고, 관서지방에서는 삶는다). 일본은 에도막부 말기까지 네발 달린 짐승을 먹는 것을 금지했지만, 스키야키는 그전부터 있었다고 한다. 사냥꾼들이 산에서 산짐승을 잡아 그 고기를 삽(스키)에 올려 구워 먹은 것에서 유래했기 때문이다. 이 덮밥은 스키야키한 채소와 쇠고기를 밥 위에 올리고 반숙한 계란을 곁들여 만들었다.

# 스키야키 돈부리

밥 220g
와규 전각 100g
대파 1개
시금치 1뿌리
배추 1장
계란 1개
두부 소량
실곤약 소량
쇠기름 소량
후춧가루 소량
돈부리 다시 180ml (341p 참조)

01 재료를 준비한다.
  A 와규 전각을 불고깃감 정도로 얇게 썰어 준비한다.
  B 대파는 어슷하게 썰고 실곤약은 끓는 물에 데쳐낸다. 시금치는 10cm 길이로 자른다. 배추는 결 반대 방향으로 1cm × 5cm 크기로 자른다.
  C 두부는 적당한 크기로 잘라 표면이 노릇하게 팬에 굽는다.
  D 계란은 끓는 물에 6분간 삶아 껍질을 벗긴다.
02 냄비를 불에 달구고 쇠기름을 바른다. 와규 전각을 넣고 돈부리 다시를 붓는다. 준비한 채소와 실곤약, 두부를 넣고 끓인다. 후춧가루를 뿌린다.
03 밥을 대접에 담고 그 위에 스키야키를 옮겨 담는다. 그리고 국물을 붓는다. 중앙에 반숙한 계란을 반으로 잘라 올린다.

송이버섯은 소나무 숲이나 낙엽이 쌓인 축축한 곳에 모여서 자란다. 위와 장 기능을 강화해주고 항암 효과도 있다고 알려져 있다. 특히 일본에서는 가치를 높게 평가받는데, 그 이유는 송이 특유의 향 때문이다. 은은한 송이의 향을 유지하기 위해서는 너무 많이 자라지 않은 것을 채취해 빠르게 손질하는 것이 관건이다.

# 마쓰타케 하모 돈부리

**자연산 송이 2개**
**갯장어 70g**
**참나물 7줄기**
**쑥갓 소량**
**양파 40g**
**돈부리 다시 100ml** (341p 참조)
**올리브오일 1Tbs**
**계란 2개**
**밥 220g**
**김 1/2장**
**시치미 소량**
**소금 소량**

01　송이의 뿌리 부분을 연필 깎듯이 깎아낸 다음 물에 씻어 모래를 제거한다. 깨끗한 마른 행주로 물기를 닦아 2mm 두께로 납작하게 자른다.
02　갯장어는 대가리와 내장, 가운데 뼈를 제거하고 촘촘하게 칼집을 넣어 1cm 크기로 자른다. 끓는 소금물에 살짝 데친다.
03　쑥갓은 굵은 줄기는 떼어내고 잎을 5cm 길이로 자른다. 양파는 1mm 두께로 썰고 참나물도 5cm 길이로 자른다.
04　돈부리 팬에 쑥갓, 양파, 참나물을 담고 돈부리 다시와 올리브오일을 넣고 끓인다.
05　채소의 숨이 죽으면 갯장어와 송이버섯을 올리고 계란을 풀어 고르게 붓는다. 계란이 절반 정도 익으면 불을 끈다.
06　대접에 밥을 담고 05의 갯장어 송이버섯 양념을 국물과 함께 붓는다.
07　중앙에 채 썬 김을 올리고 기호에 따라 시치미*를 뿌려 먹는다.

**시치미**七味, しちみ : 일곱 가지 맛을 의미한다. 고춧가루, 파래김, 겨자 씨, 깨, 산초, 진피(말린 귤의 껍질), 마 씨를 적당한 비율로 섞어놓은 향신료이다.

좋은 유자는 울퉁불퉁 못생겼고 손으로 꽉 쥐었을 때 과즙이 많이 나온다. 껍질이 감귤처럼 반들반들하고 얇은 것은 보기엔 좋아도 맛과 향이 덜하고, 열매가 작은 것은 쓴맛이 강하다. 요즘은 고흥이나 남해에서 가을 유자를 즙을 짜서 판매하기 때문에 제철이 아니라도 쉽게 구입할 수 있고 보관하기도 편리하다.

# 유자 소르베

유자착즙 400ml
설탕 200g
화이트와인 170ml
카페시럽 100ml
물 400ml
계란 흰자 1개

01 계란 흰자를 거품기로 쳐서 머랭을 만든다.
02 믹싱 볼에 분량의 유자착즙, 설탕, 화이트와인, 카페시럽, 물을 잘 섞어 설탕을 녹인 다음, 01의 머랭을 넣고 섞는다.
03 작은 통에 02를 옮겨 담아 얼린다.
04 얼린 얼음을 파코젯이나 믹서에 곱게 갈아 다시 살짝 얼려 아이스크림 스쿱으로 퍼서 그릇에 담는다.

11〜12月

일본의 대표적 향응요리인 회석요리(가이세키요리)는 형식이나 예법을 중요시하는 본선요리, 정진요리, 차회석요리 등에 비교해 형식이나 예법에 얽매이지 않고 편안한 마음으로 즐기는 연회에서 내는 요리다. 일반적인 순서는 전채, 국물, 생선회, 튀김, 찜, 구이, 조림, 초회, 밥, 국, 절임, 후식의 순서로 진행되지만 모든 구성을 빠짐없이 낼 필요는 없다.

# 회석요리 會席料理

**곁들임 안주**
나스 삼바이스 아에

구운 가지를 삼바이스에 절여 순채와 함께 담아낸 요리

**젠사이** 前菜 전채요리
치즈도후, 렌콘 기미스, 텟센야키, 다스나마키

치즈와 연두부를 섞어 굳힌 치즈도후
삶아서 물을 들인 연근에 계란 노른자를 채운 요리
닭의 간을 채소와 함께 갈아 찜통에 쪄서 부채 모양으로 잘라 구운 꼬치구이
찐 산마를 으깨서 사색고명을 올려 만 다스나마키

### 스이모노 吸物 맑은 국
에다마에 스리나가시

삶은 완두콩을 곱게 갈아 비프 스톡과 함께 끓인 스프

### 오쓰쿠리 생선회
히라메, 다이 마쓰가와, 아카가이, 아마에비, 시메사바

코스에 잘 어울리는 부드럽고 깔끔한 맛과 식감의 생선회

### 아게모노 튀김
아게도후와 지리멘

튀긴 두부와 달콤하게 볶은 잔멸치요리

**무시모노** 蒸物 찜
도빙무시

복어 시라코, 굴, 매생이, 전복 등 보양식 재료를 넣고 끓인 주전자 찜

**야키모노** 구이
와규 이시야키

뜨겁게 달군 돌 위에 직접 구워 먹는 와규 이시야키

**니모노** 조림
갈비 니코미

와규갈비와 밤, 대추, 인삼 등을 넣고 푹 졸인 요리

**스노모노** 초회
미즈다코 스노모노

부드러운 문어 다리를 유자폰즈에 절인 요리와 상큼한 오이

**고한** 御飯 밥
온소바

햇메밀로 만든 겨울철 별미, 뜨거운 메밀국수

**디저트**
청도반시

학꽁치의 살을 얇게 펴서 전분을 입혀 튀긴 요리다. 비린 맛이 없고 고소해서 맥주 안주나 간식으로 좋다. 종종 이런 식의 생선 칩 요리를 미리 만들어서 예약시간보다 일찍 와서 혼자 기다리는 손님들에게 서비스로 내드리곤 하는데 반응이 꽤 좋았다. 도미 살이나 복어 살 등으로 만들 수 있고 최근에는 연어 껍질로 만들기도 했다.

## 사요리 칩

학꽁치 2마리
감자전분 1컵
저염 소금 2tsp

01  학꽁치를 석 장 뜨기해서 갈비뼈를 제거하고 가운데 뼈는 족집게로 뽑는다. 학꽁치를 3등분 한다.
02  도마에 감자전분을 한 움큼 뿌리고 그 위에 학꽁치를 올려놓고 맥주병을 이용해 살살 두드리면서 얇고 넓게 편다. 이때 살에 구멍이 뚫리지 않도록 조심한다.
03  170℃의 기름에 바삭하게 튀긴다.
04  그릇에 담고 저염 소금을 뿌려낸다.

예전에 겨울이 되면 차를 몰고 포항이나 영덕에 가서 살아 있는 대게를 사와 찜 요리를 하곤 했다. 찜통에 넣고 찐 대게 살은 거친 꽃게 살이나 퍽퍽하고 단단한 킹크랩과 달리 부드럽고 달콤하다. 이 부드러운 대게 살에 매콤하면서 달콤한 스위트 칠리 소스를 곁들여 구워서 입안에서 느껴지는 촉촉함과 달콤함을 극대화했다.

# 즈와이가니와 스위트 칠리 소스

**대게 다리 1마리 분량**
**스위트 칠리 소스 2Tbs** (344p 참조)

01  대게를 찜통에 넣고 20분간 찐다.
    대게를 찜통에 넣을 때 등껍질이 바닥을 향하도록 뒤집어놓는다. 만약 반대로 찌면 내용물이 관절 틈으로 빠져나온다. 찜통의 물은 냄비의 2/3정도로 넉넉하게 붓고 찐다.
02  대게의 다리를 떼어낸다. 몸통 쪽 두 마디를 남기고 끝의 뾰족한 부분을 자른 뒤 껍질을 벗긴다.
03  스위트 칠리 소스를 바르고 200℃로 예열된 오븐에 노릇하게 굽는다.

어렵지 않지만 까다로운 요리가 일본식 계란찜이다. 기포가 전혀 없이 찰랑거리는 자완무시 위에 깔끔하고 달콤한 유자 소스를 걸쭉하게 만들어 덮었다. 스푼으로 계란을 떠먹으면 유자의 향이 묻어나서 신선하게 느껴진다.

# 자완무시와 유주안

계란 2개
닭고기 1쪽
은행 2개
가마보코 1쪽
흰살생선 1쪽
죽순 소량
소금 소량
가쓰오부시 1/2컵
다시마 1/2장
청주 2tsp
맛술 2tsp
전분 소량
유자 착즙 50ml
설탕 2Tbs
물 1L+100ml

01 냄비에 물 1L를 담고 다시마를 넣고 약불로 끓인다. 물이 끓으면 다시마를 건져내고 불을 끈다. 가쓰오부시를 넣고 20분 뒤에 체에 걸러 연한 가쓰오다시 물을 만든다.
02 닭고기, 은행, 가마보코, 흰살생선, 죽순을 은행 정도의 크기로 자른다. 냄비에 물을 붓고 소금을 조금 넣은 후 재료를 삶아낸다.
03 믹싱 볼에 계란 2개, 01의 가쓰오다시 물 250ml, 청주 2tsp, 맛술 2tsp을 거품기로 잘 섞어서 고운체에 거른다.
04 그릇에 02의 재료를 건져 담고 03의 계란 물을 붓는다.
05 찜통에 물이 끓으면 자완을 찜통에 넣고 뚜껑을 덮어 약불로 12분 찐다.
06 냄비에 물 100ml를 붓고 유자착즙과 설탕을 함께 끓인 다음 물 전분을 풀어 농도가 살짝나게 유주안을 만든다.
07 자완무시 위에 유주안을 조심스럽게 담아 완성한다.

유럽에서 굴은 예전부터 최고의 정력제로 여겨졌다. 로마의 황제들은 정력을 높이기 위해 굴을 즐겨 먹었고, 희대의 플레이보이 카사노바도 매일 아침 일어나자마자 생굴을 50개씩 먹었다고 한다. 실제 굴은 영양학적으로 균형을 이룬 식품으로 단백질뿐 아니라 비타민, 철분, 마그네슘, 칼슘이 풍부해 하루 5개의 생굴을 먹으면 비타민과 무기질의 하루 권장량을 모두 섭취할 수 있다고 한다.

# 사케젤리를 곁들인 나마가키

**자연산 생굴 5마리**
**사케젤리 30ml** (339p 참조)
**시소 잎 1장**
**초생강 소량**
**물 1L**
**소금 30g**

01 자연산 생굴을 손질한다.
   A 정과 망치를 이용해 굴의 껍질을 떼어낸다.
   B 숟가락을 뒤집어 굴을 떼어내고 굴 껍데기를 물로 살살 씻는다.
   C 물 1l에 소금 30g을 넣고 굴을 담갔다가 꺼내서 다시 껍질에 담는다.
02 사케젤리를 포크로 긁어 거칠게 만든 다음, 스푼으로 굴 위에 자연스럽게 뿌리고 거칠게 다진 초생강과 채 썬 시소를 올린다.

일본 오뎅은 생선살을 으깨서 진한 간장과 달콤한 가쓰오부시를 넣어 만든 국물에 오뎅 반죽을 넣고 푹 끓여서 만든다. 그러나 나는 간장색이 진한 오뎅 국물의 맛이 깔끔하지 못해서 우리나라 사람들의 입맛에 맞지 않는다고 느꼈다. 그래서 여러 번의 시행착오를 거쳐 황태 머리와 아쓰케즈리厚削り를 사용한 나만의 국물을 만들었다. 황태는 가쓰오부시처럼 말린 생선이기 때문에 끓여서 국물을 냈을 때의 느낌이 비슷하다. 다른 점이라면 가쓰오부시가 주로 단맛이 나는데 반해, 황태는 개운한 맛이 난다는 것이다.

# 가쓰오지의 오뎅

**오뎅 반죽**
흰살생선 200g
갑오징어 살 500g
새우 살 600g
마요네즈 25g
소금 1/2Tbs
백후춧가루 1/4tsp
설탕 소량
칡전분 100g
계란 1/2개
양파 30g
청양고추 1개

**오뎅 다시**
황태 머리 1개
아쓰케즈리 5개
디포리(건조한 밴댕이) 3마리
다시마 1/2장
국간장 75ml
맛술 120ml
청주 150ml
소금 25g
대파 파란 부분 7개
가쓰오부시 1컵
덴카츠 1Tbs
물 5L
시치미 소량
대파 소량

01 오뎅 반죽을 만든다.
  A 생선살, 새우살, 갑오징어살을 깨끗하게 씻어 잘게 다진다. 소금을 넣고 프로세서에 찰기가 생길 때까지 간다.
  B 찰기가 생기면 믹싱 볼에 담고 공기와 닿지 않도록 비닐을 덮어 3~4시간 냉장고에 숙성시킨다.
  C 숙성된 반죽에 칡전분, 계란, 설탕, 백후춧가루, 양파, 마요네즈, 다진 양파, 다진 청양고추를 넣고 잘 치댄다.
02 오뎅 반죽을 튀기거나 찐다.
  A 반죽을 짤주머니에 담아 쥐어짜면서 175°C의 기름에 튀긴다. 반죽이 떠오르면 뒤집었다가 건진다.
  B 또는 반죽을 동그랗게 만들어 찜통에 넣고 10분간 찐다. 이때 파프리카 파우더나 말차를 반죽에 섞어 색을 내도 좋다.
03 오뎅 다시를 만든다.
  A 큰 냄비에 물 5l를 준비하고 미리 불린 황태 머리, 아쓰케즈리*, 디포리, 다시마를 넣고 중불로 30분간 끓인다.
  B 처음의 양만큼 물을 보충하고 가쓰오부시를 넣고 최대한 약불로 줄여 15분간 끓인다.
  C 뜰채를 이용해 건더기를 건져내고, 국간장, 소금, 맛술, 청주를 넣어 간을 하고 대파의 파란 부분을 넣고 센 불로 2분간 끓인다.
  D 오뎅 다시가 상온에서 완전히 식으면 대파를 건져낸다.
04 오뎅 다시 600ml와 오뎅을 넣고 끓여 대접에 담는다.
05 어슷하게 썬 대파, 시치미, 덴카츠를 첨가한다.

아쓰케즈리 : 가쓰오부시는 가다랑어(가쓰오)의 뼈를 발라낸 다음, 쪄서 말리고 대패로 얇게 밀어 만든 대패밥을 말한다. 아쓰케즈리는 쪄서 말린 가쓰오를 3~5mm 두께로 두껍게 썰어 놓은 것인데 다시에 넣고 끓이면 물이 탁해지지 않고 농후하면서도 깊은 맛이 난다. 소바, 우동, 라멘이나 국물요리 등에 많이 사용된다.

대구 나베는 어떤 나베요리보다도 시원한 맛을 자랑한다. 나는 대구를 손질해 뼈와 머리에 소금을 뿌려서 2시간 정도 상온에 재웠다가 지리를 끓이는데 뼛속 깊숙한 맛까지 끌어낸 개운함과 은은한 향이 좋다.

# 다라 지리

대구 360g
중합 3마리
곤이 50g
무 25g
대파 1/2개
콩나물 25g
두부 3쪽
쑥갓 소량
소금 소량
청주 1Tbs

01  대구를 비늘을 벗기고 내장을 제거한 다음 두 장 뜨기한다.
02  대구의 뼈 쪽으로 소금을 뿌려 2시간 정도 절인 다음, 한 토막에 120g 정도의 크기로 납작하게 자른다.
03  중합은 소금물에 잘 해감하고, 무는 3mm 두께로 썰고, 대파는 어슷하게 썬다. 콩나물은 머리를 떼어내고 두부는 먹기 좋은 크기로 자른다.
04  냄비에 물을 붓고 준비한 대구와 곤이, 중합, 콩나물, 무, 대파를 넣고 끓인다. 대구가 익어갈 즈음 두부를 넣고 소금으로 간을 한다. 청주를 골고루 뿌리고 쑥갓을 올려 마무리한다.

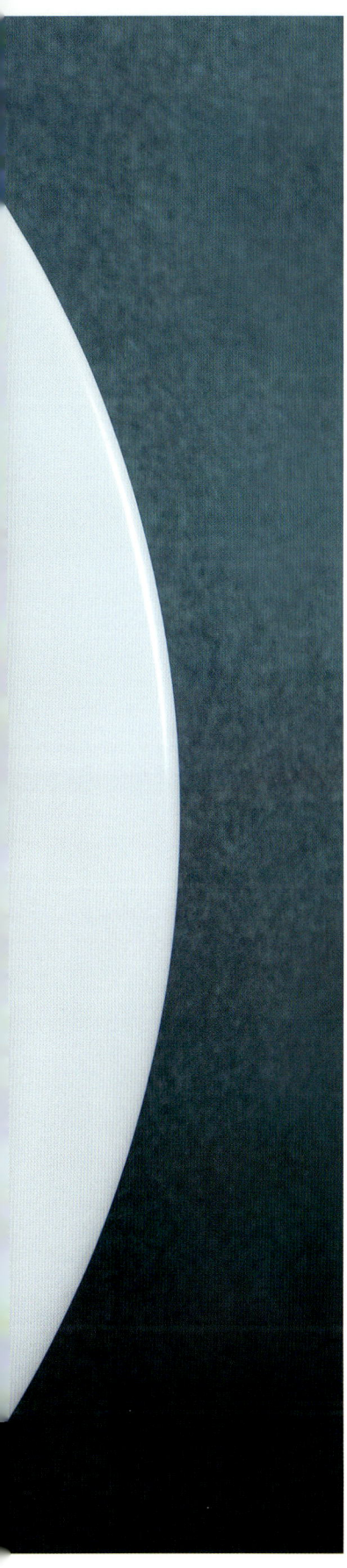

몸통이 투명하고 비늘과 얼룩이 뚜렷한 수컷 대구가 먹기에 좋다. 대구는 육질이 워낙 연하기 때문에 상처가 나기 쉽다. 나는 부드러운 대구 살이 부서지지 않도록 마른 전분을 입혀 찜통에 쪄내는 방법을 사용했다. 이렇게 하면 육즙이 밖으로 빠져나가지 않아서 대구의 개운한 맛과 부드러움이 살아 있다. 그리고 대구의 밋밋한 느낌에 쉽게 질리지 않게 하기 위해서 매콤한 스파이시 소이 소스를 곁들였다.

## 스파이시 소이 소스를 곁들인 타라 무시

대구 240g
곤이 50g
중합 3개
스파이시 소이 소스 60ml (345p 참조)
감자전분 1컵
소금 소량
후춧가루 소량

01  대구를 잘 손질해 120g 정도의 납작한 모양으로 2쪽 준비한다.
02  쟁반에 대구를 놓고 소금과 후춧가루를 뿌려 밑간을 한 다음 30분 정도 상온에 둔다.
03  밑간을 한 대구와 곤이에 마른 감자전분을 골고루 바르고 살짝 털어낸 다음, 파이팬에 해감한 중합과 함께 담아 찜통에 넣고 15분간 찐다.
04  찐 대구와 중합을 접시에 담고 스파이시 소이 소스를 뿌려낸다.

많은 사람들이 복어 하면 일본을 떠올리지만, 사실 복어는 중국에서 처음 먹기 시작해 우리나라와 일본으로 전파됐다. 중국에는 복어를 예찬한 옛 문헌의 기록이 많은데 특히 중국 최고의 미인들은 맛은 기가 막히지만, 잘못 먹으면 독 때문에 죽을 수도 있는 복어에 비유되곤 했다. 삼국지에 나오는 '초선', 경국지색이라는 말을 만들어 낸 월나라의 '서시'가 그렇다. 초선은 여포를 죽음으로 몰아넣었고, 서시는 오나라 부차를 멸망의 길로 몰고 갔다.

# 후구 가라아게

복어 살 200g
복어 뼈 1마리 분량
루콜라 30g
레몬 제스트 소량
삼바이스 150ml (342p 참조)
그라나파다노 소량
실파 1뿌리
참기름 2tsp
간장 1tsp
소금 1/4tsp
후춧가루 소량
다진 마늘 1tsp
설탕 1/2tsp
청주 1Tbs
계란 노른자 1개
감자전분 소량

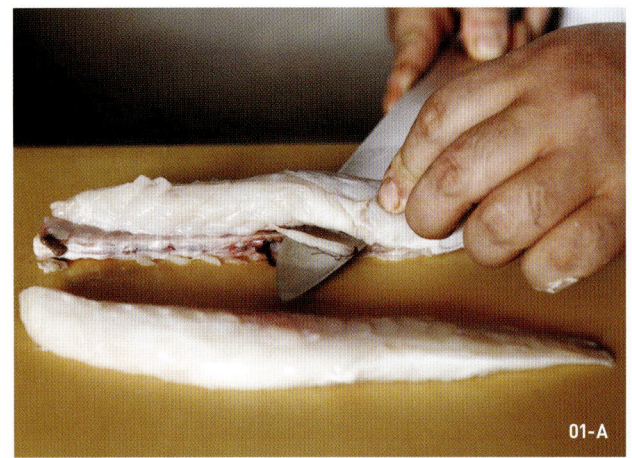

01-A

02-B

02-B

04

01 복어를 손질한다.(복어는 반드시 전문가가 다뤄야 하기 때문에 자신이 없다면 도매시장에서 손질된 것을 구입해도 좋다.)
   A 복어의 머리를 자르고 석 장 뜨기해서 살을 분리한다.
   B 흐르는 물에 담가 핏기를 제거한다.
   C 살은 2cm 크기의 사각형으로 자른다.

02 복어를 가라아게 반죽에 버무려 튀긴다.
   A 믹싱 볼에 참기름, 간장, 소금, 후춧가루, 다진마늘, 설탕, 청주, 계란 노른자를 넣고 섞은 다음 재단한 복어의 살을 넣고 30분간 재운다.
   B 재운 복어에 마른 전분을 넣고 걸쭉하게 반죽해 165℃의 기름에 노릇하게 튀긴다.
   C 복어의 뼈를 마른 전분만 입혀 165℃의 기름에 노릇하게 튀긴다.

03 무를 강판에 곱게 갈아 물기를 짜서 준비하고 루콜라를 깨끗하게 씻어 5cm 길이로 자른다.

04 순서대로 담는다.
   A 접시에 복어의 뼈를 담고 그 위에 루콜라를 담고 강판에 간 무를 올린다.
   B 삼바이스를 붓고 튀긴 복어를 수북하게 담는다.
   C 그라나파다노*를 거칠게 갈거나 얇게 썰어 올리고 레몬 제스트, 실파를 자연스럽게 뿌린다.

그라나파다노 : 이탈리아의 경성치즈로 파르메산 치즈와 비슷한 치즈. 한 덩어리가 20kg 정도 되는 것을 조각을 내서 6~8mm 정도 껍질을 벗겨 강판에 갈아 사용한다.

복어는 살을 얇게 회로 떠서 먹는 맛을 최고로 친다. 맛과 향도 좋지만 쫄깃하게 씹히는 특유의 맛은 다른 생선에서는 절대로 느낄 수 없기 때문이다. 나는 복어의 살에 찹쌀가루를 입혀 팬에 굽고 쫄깃한 떡을 더해 씹는 맛을 극대화했다.

# 후구 니즈케

**복어 살 160g**
**우엉 14cm**
**진간장 50ml**
**맛술 50ml**
**청주 50ml**
**설탕 35g**
**떡볶이용 떡 4개**
**복어 껍질 1/4마리**
**미나리 2줄기**
**실파 1뿌리**
**아마즈 20ml** (347p 참조)
**참기름 소량**
**깨 소량**
**데리야키 소스 80ml** (338p 참조)
**맛술 80ml**
**에그 비네거 소스 1Tbs** (348p 참조)
**찹쌀가루 소량**

01    복어를 손질한다. (복어는 반드시 전문가가 다뤄야 하기 때문에 자신이 없다면 도매시장에서
      손질된 것을 구입하는 것이 좋다.)
   A  복어의 껍질을 벗기고 머리를 자른 다음 석 장 뜨기해서 살을 분리한다.
   B  흐르는 물에 2시간 담가 핏기를 제거한다.
   C  복어의 살을 크기 7cm×3cm, 두께 3mm로 재단한다.
   D  껍질은 이물질을 제거하고 끓는 물에 데쳐 길이 3cm, 두께 2mm로 채 썬다.
   E  간장, 맛술, 청주, 설탕을 같은 비율로 넣고 끓인 다음 우엉을 넣고 졸인다.
02    쟁반에 찹쌀가루를 담고 복어의 살을 그 위에 굴려 찹쌀가루를 입힌다.

03　팬에 기름을 두르고 떡볶이용 떡과 복어를 앞뒤로 굽는다.
04　팬에 데리야키 소스와 맛술을 동량으로 붓고 졸인 소스에 떡과 복어를 굴린다.
05　미나리와 실파를 3cm 길이로 자른 다음 복어의 껍질과 함께 아마즈, 참기름, 실파, 깨를 넣고 버무린다.
06　접시에 우엉을 놓고 졸인 복어와 떡을 쌓는다.
07　그 위에 버무린 미나리를 올린다.
08　졸인 데리야키 소스와 에그 비네거 소스로 마무리한다.

가지키는 참치집에서 백마구로라고 불리는 새치 종류의 생선이고 두부를 으깨서 만드는 요리를 겐친けんちん이라고 한다. 따라서 이 요리는 백마구로 동그랑땡 정도로 이해하면 된다. 기름을 넉넉하게 두르고 반죽한 가지키겐친을 구워내면 겉은 바삭하고 속은 부드럽다. 가쓰오부시를 갈아 넣은 와후 소스의 달콤함과도 잘 어울린다.

# 가지키겐친 야키와 와후 소스

두부 100g
가지키 120g
빵가루 40g
설탕 2tsp
계란 노른자 1개
감자전분 15g
참기름 1tsp
굴소스 1tsp
양파 50g
대파 1/2개
삼색 파프리카 2~3쪽씩
새송이버섯 1/2개
양파 50g
청주 1Tbs
버터 1tsp
이도가쓰오부시 1/2컵
소금, 후춧가루 소량

**와후 소스**
모도간장 50ml
식초 20ml
설탕 15g
가쓰오 분말 1/2Tbs
물 전분 소량

01 겐친 반죽을 만든다.
   A 가지키를 잘게 썬다. 대파와 양파도 잘게 썰어 따로 보관한다.
   B 프로세서에 가지키를 넣고 소금을 첨가하고 찰기가 생길 때까지 곱게 갈아 공기가 통하지 않도록 비닐로 덮어 냉장고에서 2시간 숙성시킨다.
   C 두부를 으깨어 거즈에 짜서 믹싱 볼에 담고 가지키, 빵가루, 설탕, 후춧가루, 계란 노른자, 감자전분, 참기름, 굴소스, 다진 양파, 다진 대파를 넣고 잘 치대어 반죽한다.
02 야채를 볶아 접시에 담는다.
   A 파프리카는 1.5cm 크기의 사각형으로 썰어 각각 2~3쪽씩 준비한다. 새송이버섯과 양파도 파프리카와 같은 크기로 썬다.
   B 팬에 기름을 두르고 센 불에 야채를 볶는다. 소금과 후춧가루로 간을 하고 청주를 뿌리고 버터를 조금 넣는다.
   C 접시에 담는다.
03 팬에 기름을 넉넉하게 두르고 겐친 반죽을 익힌다.
04 냄비에 모도간장, 식초, 설탕, 가쓰오 분말을 넣고 끓으면 물 녹말을 풀어 걸쭉하게 와후 소스를 만든다.
05 볶은 야채 위에 겐친을 올리고 와후 소스를 붓는다. 이도가쓰오부시를 뿌린다.

튀긴 굴은 특유의 향은 그대로 살아 있고 고소함은 더해져 생굴만큼이나 매력적이다. 나는 굴에 발사믹 드레싱으로 버무린 루콜라를 곁들여보았다. 강렬한 맛의 굴 튀김과 매콤하면서 고소한 루콜라, 강한 향의 발사믹 드레싱을 사용했는데, 세 가지 재료가 가진 강렬함의 삼박자가 잘 조화를 이루었다.

## 나마가키 덴푸라와 발사믹 드레싱에 버무린 루콜라

**석화 8개**
**루콜라 30g**
**단호박 30g**
**핑크 페퍼 12개**
**발사믹 리덕션 1Tbs** (341p 참조)
**발사믹 드레싱 20ml** (341p 참조)
**감자전분 1컵**
**튀김가루 1컵**
**계란 노른자 2개**
**레몬 1/2개**
**그라나파다노 소량**
**물 1L**
**핑크페퍼 소량**

01  석화를 손질한다.

   A 굴을 껍질에서 떼어낸다.

   B 굴을 찬물에 씻어 1% 농도의 소금물에 헹군다.

   C 마른 행주로 물기를 제거한다.

02  루콜라를 손질해 8~10cm 길이로 가지런히 자른다.

03  튀김 반죽을 준비해 굴을 튀긴다.

   A 물 1ℓ에 계란 노른자 2개를 넣고 잘 풀어주고 레몬 1/2개의 즙을 짜서 계란물을 만든다.

   B 튀김가루와 감자전분을 동량으로 섞어 체에 내려 덴푸라코(튀김옷)를 만든다.

   C 위의 계란물과 덴푸라코를 1:1.2의 비율로 섞어 반죽을 만든다.

   D 손질한 굴에 덴푸라코를 입히고 다시 반죽을 입혀 175℃의 기름에 튀긴다.

04  믹싱 볼에 루콜라를 담고 발사믹 드레싱으로 버무린다.

05  단호박은 얇게 썰어 물에 헹궈 전분을 빼고 150℃의 저온에서 바삭하게 튀긴다.

06  접시에 담는다.

   A 접시에 튀긴 굴과 단호박, 버무린 루콜라를 담고 발사믹 리덕션을 지그재그로 뿌린다.

   B 그라나파다노를 거칠게 갈거나 얇게 썰어 위에 자연스럽게 올리고 핑크 페퍼를 뿌린다.

이 요리에는 참치의 주토로를 사용했다. 주토로는 참치의 가운데 토로로, 배쪽에 있는 것은 오토로라 부르고 등쪽에 있는 것이 주토로다. 주토로는 지방이 상대적으로 적고 지방이 살 속에 촘촘히 박혀 있다. 만약 오토로 스테이크를 했다면 지방이 너무 많아 기름지고 생선의 비린 맛이 강하게 느껴질 것이다.

# 도로 스테이크

주토로 200g
통마늘 1개
펜넬 1/4개
데리야키 스테이크 소스 100ml (338p 참조)
소금 소량
후춧가루 소량
청주 소량
물 1L
소금 35g

01　물 1l에 35g의 소금을 넣은 40℃의 물을 준비한다. 참치를 2분간 담갔다가 꺼내서 물기를 제거하고 상온에서 해동한다.
02　참치를 굽는다.
　　A　참치의 표면에 거칠게 간 후춧가루와 소금을 뿌리고 중불로 달군 팬에 굴려가며 굽는다.
　　B　이때 너무 오래 구우면 육질이 퍽퍽해진다. 손으로 눌러 적당히 반동이 있도록 절반만 굽는다. 어느 정도 구워지면 청주를 조금 뿌려 비린 맛을 날린다.
　　C　펜넬도 4등분해서 참치와 함께 굽는다.
03　데리야키 스테이크 소스를 데운다.
04　통마늘은 윗부분을 자르고 껍질을 살짝 벗겨 165℃의 기름에 튀긴다.
05　접시에 참치 스테이크와 펜넬, 튀긴 마늘을 담고 소스를 올린다.

간장에 졸여 만든 돼지족발에 상큼한 교나를 곁들여 먹는 요리다. 아라니粗煮,あらに는 주로 도미 머리나 생선을 주재료로 만들지만 나는 돼지족발을 사용했다. 간장에 졸여 보들보들한 족발의 식감이 좋고 간장의 깊은 맛과 생강의 맛과 향이 돼지고기의 잡냄새를 없애준다.

# 돈조쿠 아라니

돼지족발 1개
교나 35g
우엉 15cm
센기리쇼가 1Tbs
간장 30ml
맛술 60ml
청주 90ml
아마즈 30ml
참기름 10ml
참깨 1tsp

**족발 양념**
대파 150g
양파 360g
저민 생강 80g
레몬 1개
통후춧가루 30g
마늘 75g
물 5L
진간장 500ml
굴소스 100ml
청주 200ml
통후춧가루 30g
건고추 3개
맛술 500ml
꽈리고추 3~5개

01  족발을 끓는 물에 한 번 데친다.
02  (족발 4개 분량) 큰 소스 통에 물 5l를 붓고 대파, 양파, 저민 생강, 레몬, 통후춧가루, 마늘, 진간장, 굴소스, 청주, 통후춧가루, 건고추, 맛술, 꽈리고추를 넣고 30분간 끓인 다음 족발을 넣고 1시간 더 끓인다.
03  족발이 완전히 식으면 건져내 뼈를 발라낸다.
04  족발을 간장 소스에 졸인다.
   A  냄비에 우엉을 2mm 두께로 얇게 썰어 담고 간장 30ml, 맛술 60ml, 청주 90ml를 넣고 끓인다.
   B  소스가 어느 정도 졸여지면 족발과 센기리쇼가를 넣고 다시 졸인다.
   C  농도가 살짝 나오면 불을 끄고 접시에 담는다.
05  믹싱 볼에 아마즈, 참기름, 참깨를 넣고 7cm 길이로 자른 교나를 버무려 접시의 족발 위에 올린다.

소스에 재워 숯불에 구운 야키니쿠를 밥 위에 올려 덮밥을 만들었다. 단순한 요리이지만 간장에 계피와 후춧가루를 넣어 만든 소스가 돼지고기의 잡냄새를 없애주고, 숯불에 구웠을 때 풍미가 훨씬 좋아진다. 유노추보의 베스트 메뉴 중 하나다.

# 야키니쿠 돈부리

**돼지목살 180g**
**양파 50g**
**실파 1뿌리**
**밥 200g**
**야키니쿠 소스 1컵** (350p 참조)
**데리야키 소스 1Tbs** (338p 참조)

01  돼지목살을 9mm 두께로 원형의 모양을 유지해서 자른다.
02  돼지목살을 야키니쿠 소스에 완전히 잠기도록 재워서 6시간 이상 보관한다.
03  숯불에 돼지목살을 앞뒤로 굽는다.
04  양파를 얇게 썰어 찬물에 헹궈 매운맛을 제거한 뒤에 소쿠리에 건져낸다.
05  대접에 밥을 담고 구운 고기를 먹기 좋은 크기로 썰어 담는다. 위의 얇게 썬 양파를 올린다.
06  데리야키 소스를 전체적으로 뿌리고 송송 썬 실파를 자연스럽게 올린다.

이 요리는 다랑어의 모습이 불에 달궈진 쇠와 닮았다고 해서 뎃카鐵火, てっか라고 한다. 다랑어 덮밥은 뎃카 돈부리, 무침은 뎃카 아에라고 하고, 다랑어를 넣고 만 김밥은 뎃카 마키鐵火卷, てっかまき라고 부른다. 이 마키는 누치마스를 넣고 만든 네기토로를 이용해 만들었다. 소금간이 밴 오토로의 맛이 밥과 함께 어우러지는 느낌이 좋다.

# 뎃카 마키

**김 1/2장**
**초밥용 밥 100g**
**오토로 60g**
**실파 2뿌리**
**와사비 소량**
**무순 소량**
**누치마스 소량**
**물 1L**
**소금 35g**

01  오토로를 해동한다.
    A  40°C의 물 1l에 소금 35g을 넣는다.
    B  토로를 2분간 담갔다가 건져내어 물기를 닦고 상온에서 해동한다.
02  오토로를 거칠게 다진다.
03  다진 토로를 그릇에 담고 누치마스*를 넣고 비빈다.
04  호소마키(가늘게 마는 방법)로 김밥을 만든다.
    A  작업대 위에 김발을 펼쳐 놓고 김 1/2장을 놓는다.
    B  김 위에 초밥을 얇게 펼친다.
    C  밥의 중앙에 와사비를 바르고 비빈 오토로를 올리고 송송 썬 실파와 무순을 놓고 가늘게 말아 7쪽으로 자른다.

누치마스 : 미네랄 함량이 25% 이상 함유된 오키나와 해수염으로 염도는 낮고 단맛을 비롯해 감칠맛이 있다. 오토로나 미루가이 등 섬세한 맛의 재료에 사용한다.

유노추보에서 전채요리로 사용하는 치즈 도후는 연두부와 크림치즈를 섞어 만든다. 부드럽고 고급스러운 맛이어서 여러 가지 토핑을 해서 전채요리뿐 아니라 디저트로 사용해도 좋다. 한 번에 여러 개를 만들 수 있고 미리 만들어 냉장보관할 수 있으므로 손님 접대용으로 만들어도 좋은 요리이다.

# 치즈 도후

**치즈 도후**
연두부 1팩
필라델피아 크림치즈 150g
꿀 30g
사워크림 60g
생크림 120ml
설탕 1Tbs
소금 1/3Tbs
가루 젤라틴 1.5봉지
청매실 15개
청매실주 150ml
탄산수 150ml
물 100ml

**생강편**
생강 100g
오키나와 흑설탕 100g

**오키나와 흑설탕 시럽**
오키나와 흑설탕 200g
물 200ml

01 치즈 도후의 재료를 믹싱해서 아이스 볼에 절반만 붓는다.
   A 연두부 1팩을 물에 끓여서 고운체에 으깨어 내린다.
   B 필라델피아 크림치즈는 전자레인지에 넣어서 녹인 후 고운체에 으깨어 내린다.
   C 믹싱 볼에 연두부와 필라델피아 크림치즈, 꿀, 사워크림, 생크림, 설탕, 소금을 넣고 섞는다.
   D 미지근한 물 100ml에 가루 젤라틴 한 봉지를 넣고 잘 섞은 다음 믹싱 볼에 같이 섞는다.
   E 아이스 볼에 절반만 붓는다.
02 치즈 도후가 굳기 전에 청매실을 중앙에 놓고 아이스 볼의 뚜껑을 덮는다.
03 청매실주를 냄비에 끓여 알코올을 날리고 탄산수를 붓는다. 미지근한 물 100ml에 가루 젤라틴 한 봉지를 넣고 잘 섞어 냄비에 같이 섞는다.
04 깔때기를 이용해 아이스 볼에 붓고 냉장고에 넣어 굳힌다.
05 생강편을 만든다.
   A 생강을 껍질을 제거하고 얇게 편으로 썰어 물에 하루 동안 담가둔다.
   B 물기를 제거하고 팬에 오키나와 흑설탕*과 생강을 넣고 중불로 계속 볶는다.
   C 팬 윗부분에 설탕 알갱이가 생기면 불을 끄고 계속 저어준다.
   D 설탕이 다시 가루가 되면 잘 펴서 식힌다.
06 흑설탕과 물을 동량으로 냄비에 넣고 부피가 절반으로 줄어들 때까지 졸인다.
07 접시에 흑설탕 시럽을 담고 그 위에 치즈 도후를 올린다. 생강편을 꽂아 완성한다.

오키나와 흑설탕 : 오키나와 흑설탕은 17세기에 중국에서 전래된 이후 400여년에 걸쳐 전통적인 방식 그대로 사탕수수를 졸여 만들고 있다. 독특한 맛과 향기가 있는 자연식품이다.

sauce & basic

### 고마다래 소스

고소하고 새콤한 맛이 강해 주재료를 튀기거나 쪄서 만든 샐러드의 드레싱으로 잘 어울린다. 일반적으로 샤부샤부의 건더기를 찍어 먹는 소스로 알려져 있다.

**가쓰오다시 2l, 식초 1l, 고이구치 간장 400ml, 설탕 800g, 겨자분 150g, 통깨 400g, 땅콩버터 400g**

큰 냄비에 물 3l를 붓고 15cm 크기의 다시마를 3장 넣고 센 불로 끓인다. 물이 끓으면 다시마를 건져내고 찬물을 1컵 부어 살짝 식힌 다음 가쓰오부시를 2.5컵 넣고 20분 뒤에 걸러 가쓰오다시를 완성한다.
통깨는 절구에 곱게 갈아 질퍽해지도록 만든다. 겨자분은 뜨거운 물을 동량으로 넣어 숙성시킨다. 가쓰오다시에 땅콩버터를 넣고 완전히 풀어준다. 그리고 식초, 고이구치 간장, 설탕, 겨자, 곱게 간 깨를 넣고 잘 섞는다.

### 갈릭 소이 소스

마구로즈케에서 사용하는 간장소스. 해산물을 살짝 데쳐 와사비와 함께 버무리는 용도로 응용할 수 있다.

**데리야키 소스 200ml, 물 200ml, 마늘 3개**

마늘을 얇게 썰어 믹서에 넣고 물과 함께 곱게 갈아 데리야키 소스와 섞는다.

### 난반스

삼바이스에 향신채소를 넣어 만든 소스를 난반스라고 한다. 생선이나 갑각류를 튀기거나 구워 난반스에 적셔 먹는다.

**가쓰오다시 물 600ml, 설탕 200g, 식초 300ml, 진간장 100ml, 마른 고추 10개, 마늘 4개, 양파 50g, 대파 2뿌리**

냄비에 물 1l를 붓고 15cm 크기의 다시마를 넣고 중불로 끓인다. 물이 끓으면 다시마를 건져내고 3분간 식힌 다음 가쓰오부시를 1컵 넣고 20분 뒤에 고운체에 걸러 가쓰오다시를 완성한다.
가쓰오다시에 설탕, 식초, 진간장을 넣고 섞는다. 마른 고추를 가위로 잘라 씨를 털어내서 넣고, 마늘을 넣는다. 양파와 대파는 고추와 같은 크기로 썰어 그릴에 구워 넣는다.

### 리코타 치즈

쉽게 만들 수 있는 연성치즈로 부드러운 느낌이 좋아 구워 만든 요리에 곁들여 사용한다.

**생크림 500ml, 우유 1l, 플레인요거트 80g, 레몬 1.5개, 설탕 15g, 소금 1tsp**

생크림과 우유, 플레인요거트, 레몬즙을 스테인레스 용기에 담는다. 끓는 물이 담긴 냄비에 용기를 넣고 살살 저어주며 중탕한다. 우유가 응고되면 설탕과 소금을 넣고 설탕이 녹으면 얇은 소창에 거른다. 이때 물은 밑으로 빠지고 덩어리만 소창 위에 남게 되는데, 수분이 적당히 빠지면 냉장보관해 사용한다.

### 데리야키 소스

볶음이나 무침 등 다양하게 사용할 수 있는 소스다.

**진간장 1.8l, 맛술 1.8l, 청주 900ml, 물엿 600ml, 설탕 600g, 통후춧가루 3Tbs, 생강 150g, 마늘 150g, 당근 150g, 양파 500g, 대파 3개**

생강, 마늘, 당근은 얇게 썬다. 대파는 반으로 쪼개고 양파는 납작하게 썰어 그릴이나 직화로 굽는다. 큰 소스 통에 대파, 양파, 생강, 마늘, 당근, 통후추, 진간장, 맛술, 청주, 물엿, 설탕을 모두 넣고 부피가 반으로 줄어들 때까지 졸인다. 완전히 식으면 체에 걸러 사용한다.

### 데리야키 스테이크 소스

간장의 깊은 맛과 발사믹 비네거의 깔끔함이 잘 어울리는 스테이크 소스로 유노추보의 대표메뉴인 갈릭 스테이크에 사용한다.

**데리야키 소스 2l, 데미글라스 3l, 물 1.5l, 발사믹 비네거 1l**

데리야키 소스와 물, 데미글라스, 발사믹 비네거를 비율대로 냄비에 담아 끓인다. 끓기 시작하면 불을 약하게 줄여 10분간 더 끓인다.

### 레드어니언 마멀레이드

새콤한 맛이 강해 구운 요리나 볶음요리와 궁합이 잘 맞는다.

**레드어니언 500g, 레드와인 500ml,
레드와인 비네거 175ml, 카시스 50ml,
그레나딘 시럽 50ml, 버터 50g**

레드어니언을 얇게 썰어 찬물에 씻은 후 뜨겁게 달군 팬에 버터와 함께 넣고 볶는다. 양파의 숨이 죽어 투명해지면 레드와인, 레드와인 비네거, 카시스, 그레나딘 시럽을 넣고 국물이 없어질 때까지 졸인다.

### 사케젤리

개운한 맛의 젤리로 차게 만들어 프레시한 해산물과 곁들이면 잘 어울린다.

**물 750ml, 설탕 400g, 사케 150ml, 폰즈 150ml,
판 젤라틴 2장**

사케는 끓여 알코올을 날리고 판 젤라틴은 미지근한 물에 담가 녹인다. 설탕과 폰즈, 끓인 사케를 모두 섞어 사각 틀에 굳힌다. 젤리가 응고되면 포크로 긁어 거칠게 만들어 사용한다.

### 홀스래디시 크림

홀스래디시의 맛이 은은하게 배어나오는 크림으로 훈제연어 또는 부드러운 식감과 강한 맛을 가진 재료에 곁들여 사용한다.

**생크림 100ml, 홀스래디시 30g,
소금, 후춧가루 소량**

생크림을 차게 보관해 휘핑하고 홀스래디시와 소금, 후춧가루를 섞는다.

### 아보카도 무스

마스카포네 치즈를 섞은 아보카도 무스는 은은하게 베어나오는 고소한 맛이 좋다. 부드럽거나 자극적이지 않은 요리에 곁들이면 궁합이 잘 맞는다.

**아보카도 2개, 마스카포네 치즈 180g,
마요네즈 2tsp, 소금 소량**

잘 익은 아보카도를 껍질과 씨를 제거하고 체에 으깨어 내린다. 상온에 보관해 말랑해진 마스카포네 치즈와 으깬 아보카도, 마요네즈, 소금을 같이 섞어 짤주머니에 담아 사용한다.

### 발사믹 드레싱

발사믹 비네거의 깔끔한 맛과 향, 그리고 데리야키 소스의 깊은 맛이 조화된 드레싱이다. 유노추보의 대표메뉴인 '광어 카르파초와 루콜라'에서 루콜라를 버무리는 드레싱으로 사용하고 있으며 수분이 많거나 강한 맛의 채소와 잘 어울린다.

**발사믹 비네거 20ml, 올리브오일 20ml,
데리야키 소스10ml, 마늘 2쪽**

믹싱 볼에 발사믹 비네거, 올리브오일, 데리야키 소스를 넣고 마늘을 강판에 곱게 갈아 넣어 섞는다.

### 발사믹 리덕션

육류에 뿌리거나 접시에 모양을 낼 때, 해산물을 버무릴 때 사용하는 등 다양한 용도로 활용이 가능한 소스다. 새콤달콤한 맛이 입맛을 돋우는 역할을 한다.

**발사믹 비네거 1l, 꿀 100ml**

냄비에 발사믹 비네거를 넣고 부피가 1/4가 될 때까지 센 불로 졸인다. 꿀을 넣고 약한 불에서 졸인다. 식으면 튜브나 짤주머니에 담아 사용한다.

### 돈부리 다시

오얏코돈, 규돈, 가츠돈 등 각종 돈부리 또는 스키야키 소스로 활용한다.

**돈부리 다시 원액**
진간장 100ml, 맛술 50ml, 청주 30ml,
설탕 40g, 시로미소 2tsp

**돈부리 다시**
가쓰오다시 물 120ml, 돈부리 다시 원액 40ml

진간장, 맛술, 청주, 설탕, 시로미소를 냄비에 넣고 끓인다. 이때 시로미소가 잘 풀어지도록 주걱으로 저어주며 끓여 다시 원액을 만든다. 가쓰오다시 물을 끓여 가쓰오다시 물과 돈부리 다시 원액을 3:1의 비율로 섞어 끓인다.

### 시소 폰즈 소스

새우, 가재, 게 등의 갑각류를 날것으로 먹을 때 찍어 먹는 소스로 활용한다.

**가쓰오다시 100ml, 진간장 100ml, 맛술 2tsp, 유자 1개, 식초 100ml, 시소 5장, 청양고추 1개, 고추기름 1Tbs**

가쓰오다시, 진간장, 맛술, 식초, 유자 1개 분량의 즙으로 폰즈를 만든 뒤 시소와 청양고추를 잘게 다져 넣고 고추기름을 넣어 완성한다.

### 삼바이스(토사스)

폰즈와 함께 일식의 가장 대표적인 초간장으로, 튀김을 찍어 먹거나 익힌 채소를 마리네이드할 때 사용한다.

**가쓰오다시 700ml, 진간장 250ml, 식초 250ml, 설탕 80g**

냄비에 물 2l를 붓고 15cm 크기의 다시마 2장을 넣고 중불로 끓인다. 물이 끓으면 다시마를 건져 내고 5분간 식혀 가쓰오부시를 1.5컵 넣고 20분 뒤에 걸러 가쓰오다시를 완성한다.
찌꺼기가 가라앉은 가쓰오다시의 윗부분과 진간장, 식초, 설탕을 냄비에 넣고 센 불에 올린다. 소스가 끓기 전에 불에서 내린다.

### 스미소(미소 드레싱)

살짝 데친 채소를 버무리거나 데친 해산물을 버무리는 소스로, 때로는 회를 찍어 먹는 용도로도 사용한다.

**아와세 시로미소 500g, 식초 250ml, 설탕 250g, 맛술 45ml, 마늘 15g, 생강 25g, 참기름 1/2Tbs, 깨 2Tbs**

마늘과 생강은 얇게 편으로 썰어 식초, 설탕, 맛술과 함께 믹서에 곱게 갈아 믹싱 볼에 담는다. 여기에 아와세 시로미소를 넣고 잘 섞은 다음 참기름을 넣고, 깨는 손으로 부숴 넣은 뒤 다시 한 번 섞는다.

**살사 베르데**

매운맛이 강한 소스로 굽거나 튀긴 요리에 곁들이면 잘 어울린다.

**토마토 250g, 청양고추 10개,
큐민 파우더 1/4tsp, 소금, 후춧가루 소량**

토마토를 150℃로 가열한 오븐에 구워 껍질의 검게 탄 부분은 떼어내고 씨를 털어낸 청양고추와 큐민 파우더, 소금, 후춧가루를 넣고 믹서에 곱게 갈아 사용한다.

**사이교 미소**

미소 소스의 기본적인 소스로 마리네이드용으로 사용하고, 여기에 식초를 섞어 버무리는 용도로 사용하기도 한다.

**시로미소 400g, 맛술 200ml, 설탕 100g,
청주 100ml**

냄비에 시로미소, 맛술, 설탕, 청주를 넣고 약한 불로 끓인다. 이때 바닥이 눋지 않도록 주걱으로 잘 저으면서 끓인다.

### 시소 페스토

볶음요리나 구이에 곁들이는 소스로 활용하거나 살짝 익힌 해산물 등을 버무리는 소스로 활용할 수 있다.

**시소 40g, 잣 80g, 올리브오일 160ml, 마늘 2개, 소금 2tsp, 후춧가루 1/4tsp**

시소는 물기가 없는 상태에서 계량을 하고 줄기를 자른 다음 깨끗하게 씻어 잣, 올리브오일, 마늘과 함께 믹서에 곱게 간다. 소금과 후춧가루를 첨가한다.

### 세비체 소스

세비체는 쿠바의 대표적인 음식으로 우리의 초회와 비슷하다. 세비체 소스는 생선이나 어패류, 연체류를 재울 때 사용한다.

**식초 120ml, 레몬주스 60ml, 레몬즙 60ml, 소금 1tsp, 생강분 1tsp, 후춧가루분 1tsp, 고이구치 간장 2tsp, 유자차 60g**

믹싱 볼에 식초, 레몬주스, 레몬즙, 소금, 생강분, 후춧분, 고이구치 간장, 유자차를 모두 넣고 섞는다.

### 스위트 칠리 소스

매콤함보다 부드러운 맛이 강조된 소스로 갑각류를 찌거나 튀김 요리에 곁들여 사용한다.

**계란 노른자 2개, 올리브오일 200ml, XO소스 1Tbs, 셰리와인 비네거 15ml, 소금, 후춧가루 소량, 홀그레인 머스터드 1tsp, 두반장 1tsp**

믹싱 볼에 계란 노른자를 넣고 올리브오일을 조금씩 흘리듯이 부어가며 거품기로 저어 응고시킨다. 응고된 크림에 XO소스, 셰리와인 비네거, 홀그레인 머스터드, 두반장, 소금과 후춧가루를 넣고 믹싱한다.

### 스파이시 소이 소스

굽거나 찐 요리를 찍어 먹을 때 사용하는 양념장이다. 매운맛이 적절히 조화되어 밋밋한 맛을 가진 요리에 사용하면 좋다.

곱게 간 마늘 2Tbs, 거칠게 다진 양파 2Tbs, 거칠게 다진 청양고추 2Tbs, 진간장 120ml, 겨자 2Tbs, 고추기름 40ml, 맛술 30ml, 식초 30ml

청양고추를 반으로 쪼개 찬물에 씻은 다음 양파와 함께 거칠게 다진다. 마늘은 강판에 곱게 갈고 간장, 숙성시킨 겨자, 고추기름, 식초, 맛술과 함께 섞는다.

### 스시스

초밥용 샤리를 만들 때 사용한다. 일반적인 스시스보다 자극적인 맛이 있어 어떠한 재료의 초밥에 사용해도 잘 어울린다.

식초 5.4l, 설탕 4kg, 꽃소금 1.2kg, 다시마 1장, 레몬 2개, 청주 400ml

큰 소스 통에 식초, 설탕, 꽃소금, 다시마, 레몬을 넣고 잘 섞어 하루를 묵힌 뒤 센 불에 올린다. 스시스가 끓기 시작하면 불을 끄고 청주를 넣은 다음 레몬과 다시마에서 나온 불순물을 건져낸다.

**우메보시 드레싱**

상큼한 우메보시의 맛을 느낄 수 있는 드레싱으로 무겁지 않은 재료를 사용한 샐러드에 적당하다.

**우메보시 과육 50g, 식초 70ml, 물 70ml, 카놀라유 80ml, 설탕 30g, 생강 1개**

우메보시의 씨를 제거하고 과육은 잘게 다져 믹싱 볼에 담는다. 생강은 강판에 곱게 갈아 믹싱 볼에 담는다. 식초, 물, 카놀라유, 설탕을 모두 섞는다.

**데리야키 와인 소스**

구운 재료를 다시 한 번 끓일 때, 볶음요리 소금 대신 넣을 때 사용한다. 데리야키 소스의 깊은 맛과 단맛, 와인의 깔끔한 맛이 잘 조화된 소스다.

**데리야키 소스 1l, 레드와인 1l, 버터 100g**

데리야키 소스, 레드와인, 버터를 냄비에 넣고 중불로 끓여 와인의 알코올을 날린다.

### 폰즈 오일 소스

자극적이지 않고 부드러운 느낌의 신맛이 나는 폰즈로, 구운 생선이나 살짝 구운 육류요리에 잘 어울린다.

**가쓰오다시 100ml, 몽고진간장 80ml, 맛술 30ml, 유자 1개, 식초 60ml, 카놀라유 100ml**

냄비에 물 1l를 붓고 15cm 크기의 다시마를 넣고 중불로 끓인다. 물이 끓으면 다시마를 건져내고 3분간 식혀 가쓰오부시를 1컵 넣고 20분 뒤에 걸러 가쓰오다시를 완성한다.
믹싱 볼에 가쓰오다시, 몽고진간장, 맛술, 식초, 카놀라유를 섞고 유자 1개 분량의 즙을 넣어 완성한다.

### 영 소스

캘리포니아롤에 사용하기 위해 개발한 소스다. 너무 달거나 맵지 않은 맛의 소스로 튀김류를 찍어 먹는 용도로 활용하면 좋다.

**마요네즈 200g, 옐로우머스터드 80g, 타바스코 20g, 설탕 25g**

모든 재료를 믹싱 볼에 넣고 잘 섞어 사용한다.

### 아마즈

우리말로 '단식초'라는 뜻의 식초로 생선을 절이거나 버무리는 용도로 사용한다. 나는 아마즈를 참기름과 함께 섞어 샐러드 드레싱으로 사용한다.

**물 1.1l, 식초 550ml, 설탕 40g, 소금 1tsp**

냄비에 물, 식초, 설탕, 소금을 한 번에 넣고 끓기 직전까지 데운다.

### 오코노미야키 소스

오코노미야키, 야키소바, 돈가스 소스 등의 용도로 사용할 수 있으며 주로 아이들 입맛에 잘 맞는다.

**토마토케첩 1kg, 우스터 소스 200ml,
청주 300ml, 데미그라스 350g, 설탕 150g,
대파 2뿌리, 양파 200g, 생강 10g, 마늘 20g,
통후춧가루 10g, 월계수 잎 2장**

대파는 길게 쪼개고 양파는 납작하게 썰어 오븐에 굽는다. 생강과 마늘은 얇게 저민다. 큰 냄비에 나머지 재료를 모두 넣고 약불로 2시간 정도 끓인다. 소스가 완전히 식으면 체에 걸러 냉장보관해 사용한다.

### 에그 비네거 소스

새콤한 맛의 드레싱으로 입맛을 돋우는 역할을 한다. 구이나 볶음의 곁들임용 샐러드 드레싱으로 좋다.

**계란 노른자 2개, 식초 1/2Tbs, 머스터드 1/2Tbs,
레몬주스 3Tbs, 올리브오일 50ml,
소금, 후춧가루 소량**

믹싱 볼에 계란 노른자를 넣고 식초, 머스터드, 레몬주스, 올리브오일, 소금, 후춧가루를 넣고 잘 섞는다.

### 와카사지

소금구이한 작은 생선에 바르는 소스다. 전어, 은어 등 작은 생선을 소금구이하면 표면이 건조되면서 맛이 떨어지는데, 이것을 막아주는 역할을 한다.

**맛술 3Tbs, 청주 1Tbs, 진간장 1/2Tbs**

냄비에 맛술, 청주, 진간장을 넣고 한 번 끓여준다. 생선을 완전히 굽고 마지막에 붓으로 바른다.

### 와사비 소야 드레싱

무, 간장, 와사비가 들어가서 회를 이용한 샐러드 드레싱으로 적당하다.

무 120g, 배 150g, 진간장 2tsp, 설탕 1tsp, 마요네즈 100g, 와사비분 2Tbs, 참기름 2tsp

무와 배를 강판에 곱게 간다. 와사비분은 찬물과 동량으로 섞어 매콤하게 만든다.
믹싱 볼에 강판에 간 무와 배, 와사비, 마요네즈, 설탕, 참기름, 진간장을 넣고 잘 섞는다.

### 우나기 타래

민물장어 뼈를 넣어 만든 장어 소스다. 장어를 소금구이해 찍어 먹거나 겉에 발라 굽는 용도로 사용한다. 장어의 뼈를 넣었기 때문에 장어와 잘 어울린다.

민물장어 뼈 1kg, 데리야키 소스 1l

민물장어의 뼈를 이물질을 제거하고 물에 담가 핏물을 뺀다. 냄비에 뼈를 담고 물을 부어 약 2시간을 끓인 다음, 체에 걸러 데리야키 소스와 섞는다. 그리고 농도가 걸쭉해질 때까지 약한 불로 졸인다.

### 폰즈

일식의 대표적인 초간장 소스로 새콤하고 깔끔한 맛이 특징이다. 살짝 데친 해산물 초회나 얇게 썬 쇠고기를 찍어 먹으면 깔끔한 안주가 된다.

**가쓰오다시 100ml, 진간장 100ml, 맛술 2tsp, 유자 1개, 식초 100ml**

냄비에 물 1l를 붓고 15cm 크기의 다시마를 넣고 중불로 끓인다. 물이 끓으면 다시마를 건져내고 3분간 식혀 가쓰오부시를 1컵 넣고 20분 뒤에 걸러 가쓰오다시를 완성한다.
믹싱 볼에 가쓰오다시, 진간장, 맛술, 식초를 섞고 유자 1개 분량의 즙을 넣어 완성한다.

### 야키니쿠 소스

모든 육류를 마리네이드하는 소스로 적당하다. 불고기류는 살짝 버무려 구우면 좋고 두꺼운 스테이크류는 하루 정도 재워 사용한다.

**꿀 600g, 굴소스 600g, 진간장 260g, 물 3.5l, 후춧가루 90g, 계핏가루 25g, 설탕 40g, 다진 마늘 220g**

믹싱 볼에 모든 재료를 모두 넣고 잘 혼합해 사용한다.

### 초고추장

회를 찍어 먹거나 비벼 먹는 용도의 소스다. 만들고 일주일간 숙성시켜 사용한다. 비빔국수의 용도로 쓰기에는 탄수화물의 텁텁한 맛이 지나치게 강조되므로 적당하지 않다.

**고추장 1kg, 식초 380ml, 설탕 110g, 물엿 140g, 사이다 100ml, 다진 마늘 120g, 다진 생강즙 60ml, 통깨 1tsp, 참기름 1tsp**

믹싱 볼에 모든 재료를 넣고 잘 섞어준다.

### 포트와인 소스

부드러운 생선요리에 적당하고 구운 육류를 담가도 좋다.

**포트와인 200ml, 양파 30g, 버터 1tsp**

양파를 0.7cm 크기의 큐브로 자른 뒤 버터를 넣고 볶아 투명하게 되면 포트와인을 넣고 부피가 절반으로 줄어들 때까지 졸인다.

### 흑초 드레싱

깔끔한 신맛과 고르곤졸라 치즈의 깊은 맛이 어울리는 드레싱으로 보존성이 좋다. 자극적이지 않아 특별한 주재료 없이도 잎채소에 뿌려 먹으면 좋다.

**마늘 2개, 흑초 120ml, 올리브오일 180ml, 다진 바질 1.5Tbs, 디종머스터드 1Tbs, 고르곤졸라 치즈 80g**

마늘을 강판에 곱게 간다. 고르곤졸라 치즈를 중탕으로 데워 말랑하게 만든 다음 디종머스터드와 다진 바질, 흑초, 올리브오일을 섞는다.

# 유노추보

| | |
|---|---|
| 1판 1쇄 | 2012년 5월 20일 |
| 1판 4쇄 | 2018년 6월 20일 |

**지은이** 유희영
**펴낸이** 김정순

**책임편집** 이은정
**마케팅** 김보미 임정진 전선경

**펴낸곳** (주)북하우스 퍼블리셔스
**출판등록** 1997년 9월 23일 제406-2003-055호

**주소** 04043 서울시 마포구 양화로 12길 16-9(서교동 북앤빌딩)
**전자우편** editor@bookhouse.co.kr
**홈페이지** www.bookhouse.co.kr
**전화번호** 02-3144-3123
**팩스** 02-3144-3121

ISBN 978-89-5605-567-1  13590

이 도서의 국립중앙도서관 출판시도서목록(CIP)은 e-CIP 홈페이지(http://www.nl.go.kr/cip.php)에서 이용하실 수 있습니다. (CIP제어번호: CIP2012001938)